LA DEPRESIÓN:
¿ENFERMEDAD O FRENO DE EMERGENCIA?

GÜNTER JURSCH

LA DEPRESIÓN: ¿ENFERMEDAD O FRENO DE EMERGENCIA?

TRASFONDO Y SALIDAS

deauno.com

Jursch, Günter
La depresión ¿enfermedad o freno de emergencia?: trasfondo y salidas - 1a ed. - Buenos Aires : Deauno.com, 2007.
126 p. ; 21x15 cm.

ISBN 978-950-9036-57-4

1. Autoayuda. I. Título
CDD 158.1

Queda rigurosamente prohibida, sin la autorización escrita de los titulares del copyright, bajo las sanciones establecidas por las leyes, la reproducción total o parcial de esta obra por cualquier medio o procedimiento, comprendidos la fotocopia y el tratamiento informático.

© 2006, Günter Jursch
Pau Noguera 5
E-07100 Sóller (Mallorca)
www.jursch.eu
coaching@jursch.eu

© Deauno.com (de ELALEPH.COM S.R.L.)

Corrección: Inés Irazu (inesirazu@yahoo.es)

contacto@elaleph.com
http://www.elaleph.com

Primera edición

ISBN 978-950-9036-57-4

Hecho el depósito que marca la Ley 11.723

Impreso en el mes de junio de 2007 en
Bibliográfika, Elcano 4048,
Buenos Aires, Argentina.

Índice

PRÓLOGO	9
LA DEPRESIÓN	**15**
Formas de depresiones	17
La depresión enmascarada	18
El modelo psicosomático de desarrollo	20
La depresión benéfica	25
Las depresiones abrumadoras	30
La importancia de los campos	33
Otros ejemplos	35
Hormonas y medicamentos	43
La nostalgia de la muerte y anhelo de vivir	50
Suicidio y homicidio	53
Tres formas de pasividad	55
La pasividad específica	61
Emociones suprimidas	62
La depresión como freno de emergencia	64
El peligro al terminar una depresión	74
¿Cuándo se alegra un jorobado?	75
El impulso vital después de un desastre	77

LOS PLACERES SECRETOS	**79**
Las ventajas en lo negativo	81
La estimulación inconsciente	83
Placer disimulado y "Placer Secreto"	87
Desventajas de tales entrelazamientos	98
La necesidad de goce y deleite	99
SEXUALIDAD Y ESTRÉS	**101**
Caricias	103
¿Renunciar a actividades sexuales?	108
¿Qué es natural?	109
El olor: un estímulo importante	112
El ser humano es flexible	115
Variaciones asombrosas	119
BIBLIOGRAFÍA	**121**
DATOS BIOGRÁFICOS DEL AUTOR	**123**
PUBLICACIONES	**125**

Gato escaldado del agua fría huye.
(Proverbio)

Prólogo

Nuestro sistema de educación no sólo sirve para enseñar una vida más sana y agradable al niño, facilitándole conocimientos físicos, técnicos y espirituales, música, deportes, etc., sino que también es un sistema que, en parte, suele limitar el éxito, el bienestar y la salud. Una vez que se aprenda o decida algo mal, en el futuro todas las experiencias serán influidas por esa decisión deficiente. También las experiencias propias de un niño son una enseñanza que muchas veces causa reacciones exageradas, como indica el proverbio arriba citado. Una excelente decisión posterior no influye en las capas anteriores, más profundas. Si no se hace "algo especial", queda la tendencia de repetir emociones y conductas nocivas anteriormente programadas con todo rigor, especialmente en situaciones de estrés.

El estrés muchas veces es considerado como enfermedad o algo enfermo. El contrario es el caso. El médico austriaco Hans Selye, quien describió primero este fenómeno, lo definió así: "La respuesta no especifica a cualquier demanda del exterior". Aquí hay unos ejemplos:

Si la situación indica
- que la huída es lo mejor, las reacciones de estrés son: aumentar el tono muscular especialmente en las piernas,

aumentar el ritmo cardiaco y de respiración, aparte otros preparativos para facilitar una corrida inmediata y rápida,
- que para salvarse es indicado trepar un árbol: hay sudoración en manos y pies, lo que facilitaría el trepar un árbol (por lo menos para nuestros antepasados en los tiempos anteriores cuando esta reacción de estrés fue desarrollada en la forma que hoy en día todavía existe),
- que se necesita ayuda de otras personas: la garganta y músculos del tórax reciben energía, para que gritos de socorro sean bastante fuertes para ser oídos desde lejos,
- que lo mejor sería una defensa activa o un ataque: el tono de los músculos de los brazos y manos se aumenta para facilitar la lucha aparte de las reacciones para preparar esfuerzos,
- que hay que combatir una infección: hay aumento de la temperatura de la sangre para activar el sistema inmunitario, y hay una sensación de debilidad para inducir el descanso, así concentrando la energía para la lucha contra los microbios.

Aparte de estas reacciones que amenazan nuestra vida o nuestra salud, existe el estrés preparando situaciones agradables llamado "eustrés", por ejemplo:
- activando los músculos de la garganta a las vías respiratorias cuando hay ganas de cantar o gritar de placer y alegría
- palpitaciones a la espera del o de la amante

En el caso de que sigan las actividades así preparadas, el estrés baja. En nuestro último ejemplo parece que esto no ocurre, teniendo la o el amante en los brazos, las palpitaciones siguen. Pero si analizamos la situación más detalladamente veremos que siguen las palpitaciones para preparar otra actividad más, y esta requiere un mayor riego sanguíneo, por ejemplo para los genitales.

La tendencia de bajar a capas más antiguas en situaciones de estrés fue demostrado de forma interesante en un reportaje "live" por televisión, de una sesión del parlamento japonés en el año 1999.

Al principio los diputados hablaban uno tras otro como adultos educados según las reglas del parlamento. Pero cuando el estrés subía, empezaron a hablar varios al mismo tiempo sin escuchar lo que decían los otros: una forma bastante usual entre jóvenes. Subía el estrés y las voces se levantaron. Al final los diputados bajaron un escalón más y empezaron a apalearse como niños de cinco años. Esto fue divertido para los espectadores pero no sirvió para solucionar el problema.

Afortunadamente los diputados no bajaron a capas violentas del Archivo Genético, lo que hubiera podido terminar con la muerte de combatientes.

Para cambiar conductas nocivas del Archivo Genético no conozco métodos. Sólo queda por el momento ejercitar comportamientos para conectar la razón y así tener alternativas a los instintos originales. Pero es posible cambiar conductas nocivas en las capas bajas de nuestro Archivo de Experiencias que hemos programado en nuestra juventud y niñez. Desde luego no basta con leer un libro o escuchar lo que alguien dice, sino, como dije, es preciso hacer algo especial.

¿Qué quiere decir "algo especial" en este contexto? Pues lo importante es tomar una re-decisión no solamente con la cabeza, sino con la cabeza, el corazón y el vientre: todos a la vez. Una decisión con la cabeza se puede tomar pensando en gráficos y palabras. Esto se puede reforzar dibujando y escribiendo. Por lo general se llega a una capa más profunda si se escribe en mayúsculas, como se aprendió a escribir en un principio. Un poco más profundo se llega escribiendo con la otra mano, o sea, los diestros con la izquierda, los zurdos con la derecha. Si en la niñez se hablaba en otras lenguas o en un dialecto, es preciso hacerlo de esa forma. En una capa profunda se usan dibujos infantiles en vez de gráficos.

Si se quiere llegar más profundo, tocando más fuerte las emociones (el corazón), se puede dibujar, y más profundo aún (incluyendo el vientre, o sea, las reacciones físicas como dolor de tripa etc.), habrá que meditar, gritar, cambiar la respiración, sufrir presión física, o hacer esfuerzos que fueron realizados en la situación de la decisión nociva. También en ciertos casos habrá que saborear cosas que se saboreaban en aquella situación, pero esta vez combinadas con palabras o ejercicios que demuestran la mayor fuerza de la persona en la edad actual. Esto mismo vale para olores, visión, ruidos, ritmos o melodías, presión, estar encerrado, etc. Todos los ejercicios de esta índole requieren la presencia de un o una terapeuta con experiencia en este campo.

En vez de decir "cabeza - corazón - vientre" o "consciencia - emociones - reacciones físicas" se puede decir también que en el mundo de los diestros existe una capacidad increíble en la mitad derecha de su cerebro, con una memoria casi infinita y una enorme posibilidad de auto-curación. Esta memoria no está "digitalizada", o sea en palabras y símbolos, sino en forma análoga directa, por ejemplo lo que se ha visto (p. ej. un relámpago), lo que se ha oído (el trueno), etcétera. Con las técnicas descritas se puede utilizar una pequeñísima parte del potencial que cada persona tiene allí sin saberlo.

Algunas experiencias me llevan a la conclusión que en el caso de los zurdos no se trata sencillamente de una imagen reflejada de la de los diestros, sino que hay estructuras un poco diferentes, en un extremo positivo llegando a la genialidad de un Leonardo da Vinci. Sin embargo, también se consiguen progresos utilizando las técnicas mencionadas. Pero no tengo bastantes conocimientos para ofrecer un modelo explicativo.

En la mayoría de los casos también cierto distanciamiento de los padres y profesores es indispensable. Es interesante que, por lo general, la relación entre padres y su descendencia adulta **se mejora** después de tal distanciamiento.

Además de la sección "La depresión", presento las secciones "Los placeres secretos" y "Sexualidad y estrés" porque están relacionadas con nuestro tema principal.

Sóller, 2007

*Muchas veces las personas son depresivas
cuando sus capacidades amenazan a sus jefes.*
(Nesse / Williams)

La dosis hace el veneno.
(Paracelsus)

*Hay dos caminos para terminar la oscuridad:
O enciendes una luz donde estás, o sales al sol.*
(Dicho popular)

La Depresión

FORMAS DE DEPRESIONES

Es evidente que las depresiones y los estados depresivos varían de una persona a otra. Si se quiere trabajar para mejorar la situación de los afectados por estos padecimientos, sería indicado saber en qué se distinguen los diferentes fenómenos y cuál es su causa. Esto parece especialmente indicado en vista de que la depresión es una verdadera enfermedad popular en los países industrializados. En los Estados Unidos, por ejemplo, su tratamiento cuesta anualmente mas de cuarenta mil millones de dólares, más que el de ninguna otra enfermedad.

Desde el punto de vista de la obtención de beneficios económicos óptimos, para un ejecutivo de la industria farmacéutica sería interesante promover la venta de productos que **no curen** la depresión sino que solamente la alivien. Pues una curación rápida significaría una reducción de las ventas de medicamentos en este sector. Por suerte, hay ejecutivos y terapeutas que no tienen como prioridad absoluta obtener la máxima ganancia sino que trabajan para que los pacientes tengan una mejor calidad de vida lo más rápido posible, aunque de esta manera sus ingresos no crezcan al máximo.

Durante mi formación se distinguieron, por una parte, las depresiones reactivas de las depresiones endógenas. Por otra parte, estaba el estado maníaco-depresivo, al que hoy en día se llama en general enfermedad bipolar, considerada como endógena. Además, existen multitud de diferentes clasificaciones. El Dr. José Antonio García Higuera de Madrid publicó en Internet un interesante resumen al respecto. A continuación sigue una forma muy especial.

LA DEPRESIÓN ENMASCARADA

La depresión enmascarada desempeña un papel especial. Este padecimiento fue descrito por primera vez por Schinuk en 1947 y fue ganando terreno en las décadas pasadas. El término en cuestión se refiere a que la persona afectada pasa por un estado depresivo o lo mantiene *sin que ni ella ni las otras se den cuenta*. El problema es que faltan los signos habituales de la depresión y se ve únicamente la "máscara", que puede presentarse como obesidad extrema, anorexia, dolores (cabeza, nuca, hombros, vértebras, articulaciones, vientre, etc.), vértigos, así como trastornos gastrointestinales, cardiovasculares, respiratorios, neurovegetativos, etc.

Quizá lo que se llama "enfermedad psicosomática" puede ser vista como una depresión enmascarada, como una pasividad específica tapada. La cura de una "máscara" con medicamentos o cirugía es difícil y en el caso de que se consiga, suele aparecer otro padecimiento si la depresión causante no ha sido resuelta. También es posible que después de la cura de la "máscara" la depresión se manifieste abiertamente. Hay profesionales que en vez de hablar de depresión enmascarada prefieren términos como "pasividad específica". En caso de que el período de "descanso por enfermedad" fuera aprobado y el paciente tenga la impresión de que haya sido cuidado suficientemente, la enfermedad desaparece por no ser ya "necesaria". Curaciones mediante tratamientos placebos parecen indicarlo. [1]

Desde luego sería imprudente afirmar que los síntomas mencionados siempre son una "máscara" de la depresión, ya que muy a menudo están originados por otros motivos muy diferentes. Así, por ejemplo, un dolor vertebral no es necesariamente la máscara de una depresión sino que puede haber sido causado por un accidente.

La Dra. Isabel Concha de la Universidad de Chile está convencida de que la depresión enmascarada ha ganado terreno sobre todo por las dos razones siguientes:

1. El hombre occidental moderno está perdiendo su capacidad de vivir y expresar sus emociones, lo que traslada esta expresión de sus conflictos a lo somático.

2. El materialismo imperante hace más aceptables síntomas físicos médicos que trastornos psiquiátricos, lo que provocaría esta tendencia a somatizar.

Para comprender mejor los procesos que llevan a las depresiones en continuación presento un modelo gráfico.

EL MODELO PSICOSOMÁTICO DEL DESARROLLO

Para comprender mejor el funcionamiento de depresiones y las funciones psicosomáticas, presento aquí el modelo gráfico de

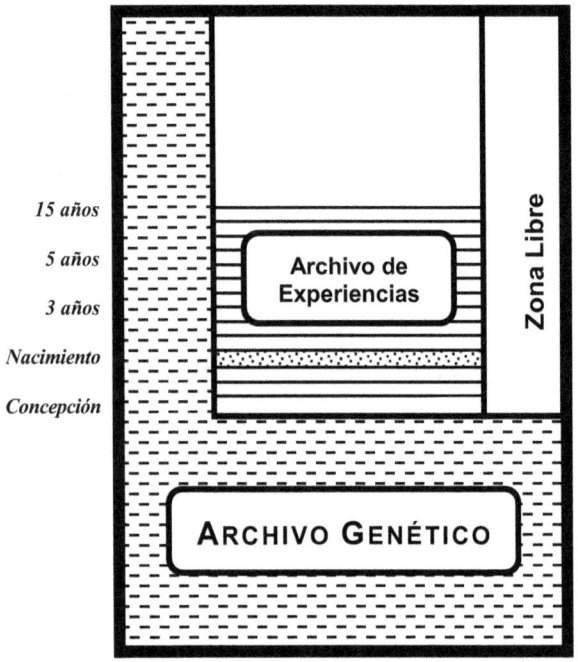

El Archivo Genético

Esta zona es la más grande y contiene numerosos programas desarrollados en el transcurso de la evolución con el fin de sobrevivir y multiplicarse. En él no pueden hacerse cambios con los métodos psicológicos que conozco. El trabajo terapéutico consistirá entonces en encontrar un modo mejor para expresar los impulsos genéticos.

El Archivo Genético contiene las emociones originales, por ejemplo: Alegría / Tristeza / Miedo / Rabia / Ánimo depresivo / Dolor psíquico.

Por desgracia, existe la tendencia de quedarse con ciertas emociones más tiempo de lo necesario. Un ejemplo: Si un bebé está gritando porque tiene hambre, sigue gritando por algún tiempo después de que su madre le haya ofrecido el pezón. En estilo lapidario se puede decir:

¡En este momento el bebé prefiere gritar de hambre... en vez de alimentarse!

También la base del odio racial (sexismo, odio de grupo, fanatismo religioso) parece estar grabada genéticamente. Esto puede llevar a acciones dementes si los controles son débiles, sea en el Archivo de Experiencias (controles inconscientes), sea en la Zona Libre (controles conscientes).

Un ejemplo de conducta "racista" en animales sería el siguiente: En un grupo de polluelos, a dos de ellos se les pintaron los picos de color azul. Estos dos fueron picoteados por los otros polluelos hasta que murieron. Es interesante observar que uno de los que tenía el pico azul participó en la matanza del otro. Da la impresión de que ambos estaban convencidos de tener el pico normal, o sea amarillo.

El Archivo de Experiencias

Afortunadamente en este archivo pueden hacerse cambios con métodos psicológicos. Esta Zona, que en su mayor parte es inconsciente, empeña un papel muy importante y es tratada en relación a las depresiones.

La Zona Libre

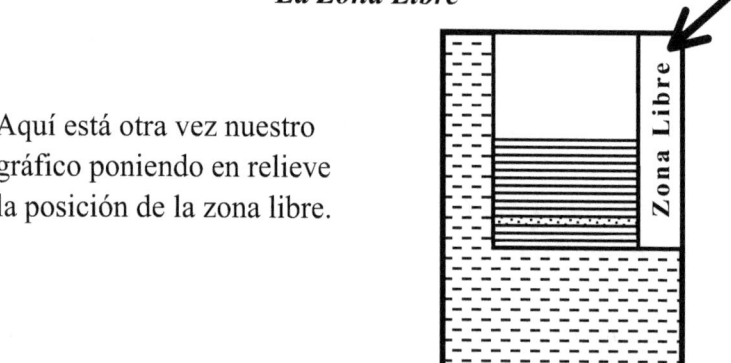

Aquí está otra vez nuestro gráfico poniendo en relieve la posición de la zona libre.

La Zona libre no contiene programaciones, sino tiene la capacidad de:

- ➤ ordenar datos
- ➤ percibir y pensar conscientemente, sea en palabras, sea en símbolos, después de haber aprendido éstos
- ➤ equilibrar valores, o sea valorar de modo realista qué ventajas y qué inconvenientes puede tener una acción o una omisión tanto a plazo corto como a plazo largo
- ➤ percibir y decidir conscientemente
- ➤ perseguir metas
- ➤ renunciar incluso a cosas o acciones muy deseables. Resignarse o renunciar conscientemente no significa ser perdedor o estar frustrado. Al contrario, facilita el canalizar la energía en dirección a metas alcanzables.

La capacidad de equilibrar valores tiene una gran importancia. Tomemos el ejemplo de un deportista de competición. No es de extrañar que algunos de los que anhelan ganar, tengan tomada una decisión que se resume en: "¡Tienes que ser el primero a toda costa!". Y hacer algo "a toda costa" incluye grandes sufrimientos, incluyendo la destrucción prematura del cuerpo. Si la "Zona Libre" está activa y equilibra los valores, la conducta auto-destructiva se detendrá y la calidad de vida tendrá preponderancia sobre un triunfo a toda costa, seguido por años de sufrimientos, por incapacidad duradera o la muerte.

Si consideramos que una alta calidad de vida es un alto grado de salud, de bienestar, de contactos sociales agradables, de caricias y placeres, de cierta satisfacción en el trabajo, otros anhelos no serán tan importantes, ni un cajón lleno de medallas de oro deportivas, ni una fortuna inmensa, ni un rango social muy alto, ni frenéticos aplausos de multitudes.

La ventaja de la Zona Libre no sólo es que puede frenar acciones destructivas y levantar bloqueos internos, sino que también nos puede guiar a cambiar programaciones inconvenientes, ya que *nuestra personalidad no sólo es nuestra conducta sino también la instancia que puede cambiar nuestro punto de vista, e influenciar nuestra percepción y nuestra conducta.*

LA DEPRESIÓN BENÉFICA

Quisiera exponer aquí mi impresión en lo que se refiere a las siguientes reacciones básicas de la depresión, o sea:

- la pasividad extrema referente a un cambio de la situación actual
- la ausencia de emociones correspondientes a la situación actual
- la falta de reacciones físicas necesarias para cambiar la situación

En resumen es comparable a un reflejo genético de hacerse el muerto que encontramos en muchos animales. El objetivo de este reflejo es la conservación de la vida.

Ahora bien, se puede argumentar que durante una depresión no faltan emociones ya que es un sufrimiento continuo. Sin embargo, es un hecho que personas en una fase depresiva no sienten y no expresan las emociones correspondientes a su situación. Puede haber una tristeza latente, pero el llorar de pleno corazón falta. Puede ser que haya una rabia latente, pero no es expresada ni tomada en cuenta por la persona en cuestión.

A continuación voy a describir diversas vivencias personales tal y como las recuerdo. Varias veces en mi vida he vivido lo que yo llamo "depresión benéfica" que es muy diferente de las depresiones abrumadoras descritas mas tarde.

La primera vez que experimenté un estado en el cual toda actividad física, así como las emociones y las reacciones físicas parecían completamente bloqueadas, fue en abril de 1945. Ocurrió cuando fui soldado en una unidad que debía destruir carros blindados con bazucas. Había desertado de mi unidad que estaba luchando en el frente contra los americanos. Mi decisión se basaba en la idea de que de todos modos la guerra ya estaba perdida por Alemania y además sabía que las tropas soviéticas ya habían entrado en mi patria chica. Bajo estas circunstancias la lucha contra los aliados occidentales me parecía más que absurda.

Saliendo de un bosque, sin darme cuenta, llegué a una camuflada trinchera alemana, de la cual apareció un sargento primero que me paró y me preguntó qué hacía yo en esa región. Contesté que era "Versprengter", o sea, un soldado que en la lucha había sido separado de sus camaradas, y que estaba buscando mi unidad. El sargento primero sacó su pistola, la dirigió contra mí y dijo:"según una orden del Führer no hay «Versprengte» sino se trata de desertores, y sin demora hay que pasarlos por las armas."

En este momento llegó un oficial, superior del sargento primero, y preguntó qué pasaba. Este teniente había sido el jefe de mi unidad militar dos meses atrás, antes de que yo hubiese ingresado en la unidad de las bazucas. No comprendí cómo él estaba en el lugar preciso de la preparación de mi fusilamiento, pues nuestras unidades debían de estar en lugares distintos. Tampoco comprendí porqué me reconoció enseguida e incluso recordaba que era alumno. Él dio la orden de que me presentara a la "Frontleitstelle" del pueblo cercano, la organización responsable de repartir tropas en el frente, para que me integraran en otra unidad, o si es posible, en mi propia unidad.

Durante toda esta escena, me había quedado quieto, no tenía ninguna emoción ni reacción física, ni el apremio de hacer algo, y cuando terminó saludé y me puse en marcha hacia el pueblo cercano. Después de poco tiempo sin darme cuenta ya había cruzado el frente y me hallaba en la zona ocupada por los americanos. A dos guardias gringos que encontré les dije que estaría en camino al próximo campo de prisioneros. Ellos me mostraron la carretera que tenía que seguir.

Después de aproximadamente media hora un camión se paró a mi lado, el chofer con uniforme americano sacó su pistola, la clavó contra mi cabeza y me dio órdenes en un inglés que no pude entender. En la escuela por lo visto me habían enseñado otra clase de inglés. A toda la catarata de órdenes entrelazadas con series de palabrotas incomprensibles, sólo supe contestar en mi inglés escolar: "I do no understand you, Sir!" (¡No le entiendo, señor!) Esto se repitió varios veces, el yanqui aumentando el tono de su voz para hacerse entender mejor, y yo repitiendo: "I am sorry, I do no understand you, Sir!" La situación terminó con un gesto de él, dirigiéndome al campo de prisioneros de guerra y de esta manera pude seguir con mi marcha.

Otro vez sin emociones, sin temblar, sin manos húmedas, sin mojarme etc. y sin ganas de huir, sin todo lo que hubiera creído adecuado en tal situación. Después de estar otra vez en marcha me di cuenta que todavía tenía mi ametralladora sobre la espalda y seis magazines de munición delante de mi pecho. Esto no era adecuado para un prisionero de guerra y me asombraba de que los americanos no me habían quitado el arma. En un riachuelo desmantelé el arma, repartí las piezas y la munición sumergiéndolas en diferentes sitios dentro del agua.

Desde los primeros campos de prisioneros, fui enviado a un campo en Voves, un pueblo en Francia, donde después del armisticio una unidad francesa se hizo cargo del campo. Empezó un período muy duro, ya que el comandante era incapaz y además no tenía la intención de tener en cuenta las reglas de la Cruz Roja para tales campos. Después de poco tiempo, diariamente muchos prisioneros morían de hambre, algunos también por los castigos al no obedecer órdenes que probablemente no habían entendido.

Un camarada con el que dormía murió en la noche, pero sólo me di cuenta cuando me desperté. Yo no tenía la menor emoción. En los meses que siguieron, tuve una fase larga de lo que llamo aquí "depresión benéfica". Quedé completamente sin ánimo para realizar algo con el fin de cambiar mi situación, y no tenía ni emociones ni reacciones físicas que se pudiesen atribuir al miedo. Tampoco había otras emociones, ni odio, ni rabia, ni verdadera tristeza. Claro que la desnutrición también empeñaba un papel en este estado. Pero una gran parte también la atribuyo a la depresión benévola que mediante pasividad tenía el objetivo de asegurar la supervivencia.

Otro efecto de este estado en la retrospección me asombró: no tenía ninguna de las enfermedades que había sufrido durante mi juventud, es decir, migraña y amigdalitis purulenta, dos enfermedades recidivantes de las cuales había sufrido antes de ser soldado, cuando vivía relativamente bien, con bastante comida, con calefacción en invierno, etc. Conozco otros casos de desaparición de enfermedades crónicas o recidivantes en situaciones extremas y estoy seguro que en tales casos generalmente se trata de enfermedades psicosomáticas. Mis enfermedades recidivantes volvieron mas o menos tres meses después de que yo hubo regresado del cautiverio.

La depresión benéfica aquí descrita no es lo que preocupa de las personas depresivas, sólo quisiera mencionar esta variedad, pues en cierto modo también las depresiones abrumadoras tienen una base en nuestra programación genética.

LAS DEPRESIONES ABRUMADORAS

Estas depresiones de mis clientes casi siempre habían sido programadas en la vida de la persona. O sea, no eran de origen genético. Lo más importante desde mi punto de vista es encontrar una manera de aliviar un estado depresivo abrumador o una depresión enmascarada, a buen paso sin causar daño, y sin medicamentos si es posible. Pues como insinúa un dicho, hay medicamentos que por sus efectos secundarios son peores que la enfermedad.

Como apoyo visual utilizo el Archivo de Experiencias ya mencionado en el capítulo sobre el modelo de desarrollo, buscando tanto las *preformaciones* como los *desencadenadores* del estado depresivo. Aquí está el gráfico:

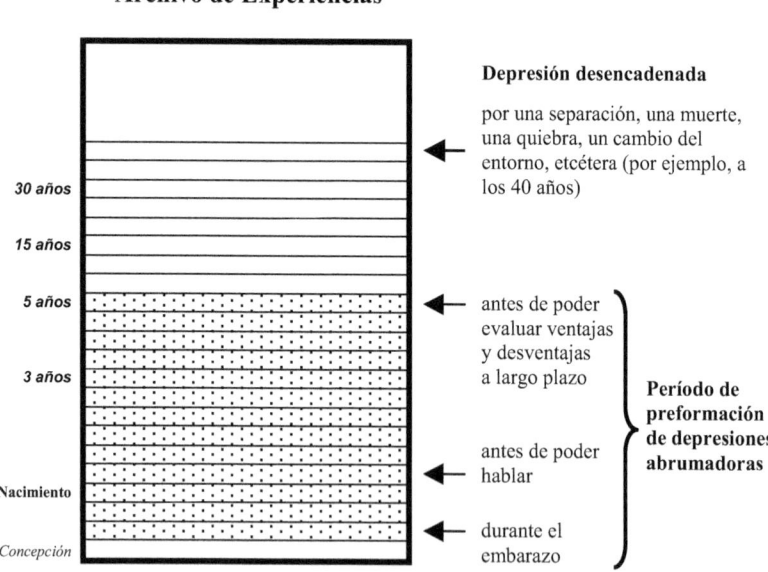

Lo que llamo "depresiones excesivas" son estados abrumadores de larga duración. Cortos estados de falta de ánimo y de mal humor me parecen normales en nuestra vida.

Salvo en el caso de experiencias muy extremas, las preformaciones se forman antes del sexto año de vida. La depresión misma queda inactiva hasta de ser desencadenada, por una experiencia posterior, por ejemplo a la edad de cuarenta años. Un terapeuta que no sea consciente de esta circunstancia quizá trabaja únicamente con la experiencia que disparó la depresión a causa de una muerte, una separación, una quiebra, etc., por ejemplo ocurrido a los cuarenta años. El resultado suele ser insatisfactorio. Incluso si la depresión desaparece a causa de la terapia, el peligro de recaídas puede persistir.

Como he dicho, según mi experiencia, generalmente la preformación depresiva ya ha ocurrido antes del sexto año. Pero muchas veces está reforzada más tarde. En nuestra familia, en el jardín de infancia, en el colegio o la universidad, nosotros no sólo aprendemos conductas sociales, ética, lenguas, matemática, ciencias, música, baile, etcétera, sino de modo subliminal también prohibiciones negativas, pasividad inútil y obediencia exagerada. Tales prohibiciones no sólo bloquean ciertas conductas, sino que nos bloquean el pensar, soñar, sentir y hablar de cosas tabúes en nuestro entorno.

Para el tratamiento terapéutico es interesante percibir que una persona con una preformación que antes de la ocurrencia que la desencadenó, ha vivido muchos años sin este estado abrumador. Esto demuestra que ya dispone de una capacidad de mantener inactiva su tendencia depresiva. Y, por lo tanto, puede utilizar esta capacidad para entrar otra vez en un período libre de depresión. Aparte de esto, una redecisión referente a lo sufrido en la niñez puede eliminar el peligro de recaídas y puede abrir un vasto terreno de creatividad, de buen humor, de libertad y bienestar.

Para encontrar un camino relativamente directo, es recomendable tener en cuenta diferentes caminos. Estos caminos tienen que ser los caminos del cliente, de la persona que sufre del estado depresivo. Para facilitar la búsqueda utilizo el gráfico siguiente que especifica también los campos.

LA IMPORTANCIA DE LOS CAMPOS

Aquí está otra vez el gráfico del Archivo de Experiencias, pero esta vez los campos se encuentran especificados:

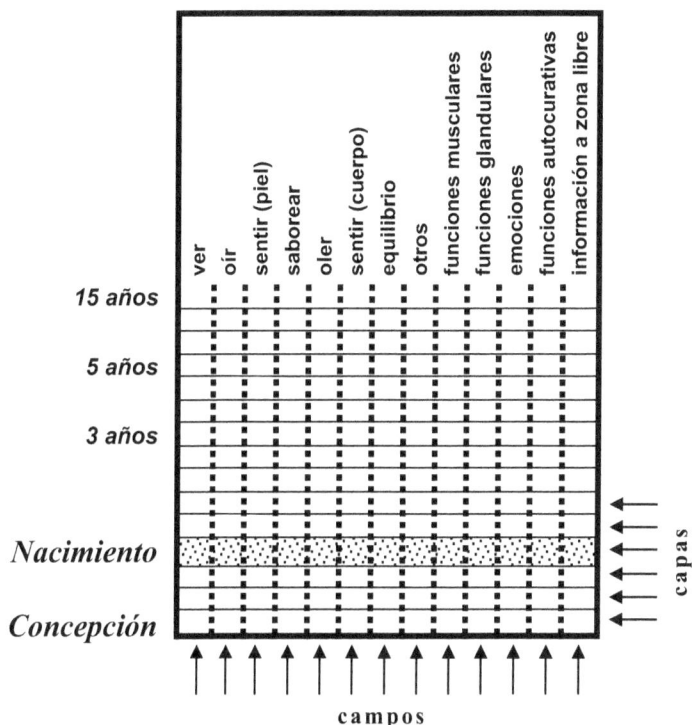

Es lógico que los diferentes campos tengan influencias desiguales según la edad. Sabemos que el feto ya en cierto estado de desarrollo puede oler, saborear, sentir, etc., pero la posibilidad de oír llega en un estado muy avanzado, y el ver probablemente se limita a diferenciar entre oscuro y claro y una vaga distinción entre ciertos colores. En muchos casos, es útil investigar el entrelazamiento con los campos en los que la depresión ha sido desencadenada.

La completa función de la Zona Libre se desarrolla muy tarde, así que el campo "información a Zona Libre" en una edad temprana si existe, es muy débil.

Aquí está el ejemplo de una cliente muy inteligente pero que se prohibió muchas actividades por miedos. De niña fue cuidada por su abuela que era muy severa. Cuando hacía algo mal, la abuela la encerraba en una despensa sin luz. La pequeña tenía miedo de morir en la oscuridad y la falta de poder liberarse. Años después en un análisis por ejemplo, ella se dio cuenta de la conexión con su temor de pasar por un túnel oscuro y su terror de tener que morir en la oscuridad de la despensa.

Por el momento dejo el tema de las depresiones para mostrar unos ejemplos de conexiones similares.

OTROS EJEMPLOS

Para hacer más evidente el sistema descrito de entrelazamientos me aparto aquí brevemente de nuestro tema y presento unos ejemplos que no se refieren a depresiones.

He aquí dos ejemplos de programaciones sexuales. Si una mujer embarazada en los primeros meses de gestación tiene largos períodos de estrés intenso, tendrá al mismo tiempo un bajo nivel de testosterona. Esto causará que el feto, en caso de ser varón, desarrolle menos rasgos masculinos. Esto, por sí mismo, no causa daños ya que muchos hombres con éxito en las artes, la ciencia o la moda tienen estos rasgos.

Pero, en caso de que en el colegio otros niños lo traten con desprecio por ser "afeminado", él podría llegar a la conclusión de que es inferior a los demás y tomar la decisión de tener que parecer más macho. Tal decisión no está formulada en palabras sino de modo inconsciente y se traduce en conductas que requieren una energía que hace falta en otras áreas. Si en su primer contacto sexual con una chica, ella se muestra decepcionada y se burla de él, la convicción de ser inferior a los otros se verá reforzada en la nueva capa, trazando la pauta para esforzarse más.

El gráfico correspondiente será el siguiente:

Archivo de Experiencias

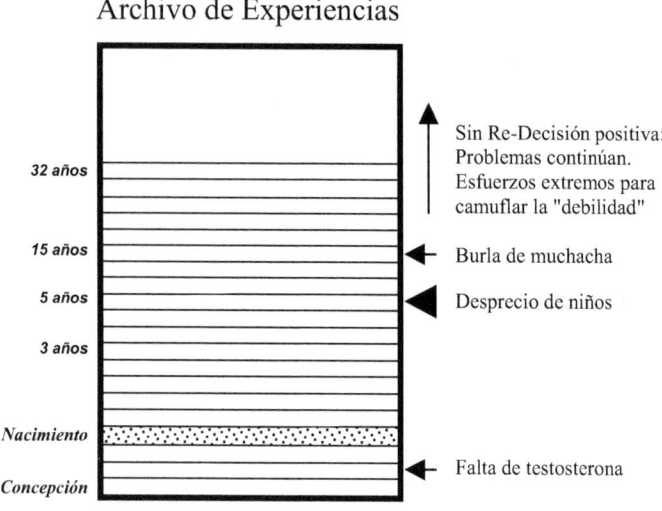

El Dr. Fischer, médico de la SS, durante el juicio por su participación en crímenes en el campo de exterminio de Auschwitz, mencionó una decisión muy destructiva. Dijo que había entrado en la SS porque era la organización más dura. Creyó que lo necesitaba por ser *demasiado sensible, demasiado poco masculino*.

Otro ejemplo: algunas niñeras acarician la zona genital de los niños cuando éstos manifiestan mal humor y les fallan otros medios para tranquilizarlos. Así el niño aprende que, cuando está de muy mal humor, recibirá caricias muy agradables. Si a los diecisiete años una chica consiente en darle caricias sexuales porque teme que el joven estará de peor humor si no lo hace, el entrelazamiento se verá reforzado. Cuando el hombre, ya maduro, sienta deseos sexuales, automáticamente activará su mal humor... una conducta que, lógicamente, muchas veces yerra su punto de destino original.

El gráfico será como sigue:

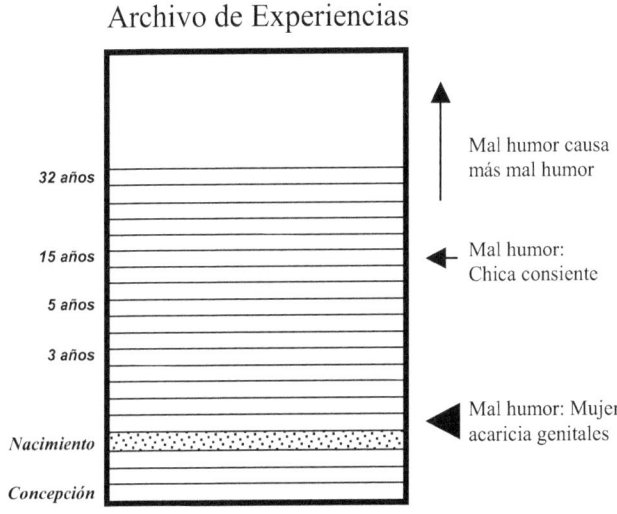

Hay una solución para parejas cuando los dos tengan un entrelazamiento así, o sea: "Mal humor lleva a caricias sexuales". Pues, sea conscientemente, sea inconscientemente, pueden formar la costumbre de altercar antes de gozar los placeres sexuales. Si está muy arraigado, el placer sensual no es intensivo sin altercado, sin este preludio.

Observaciones referentes a Enfermedades Psicosomáticas

La tendencia a las enfermedades psicosomáticas en general está depositada en capas formadas en edades muy tempranas. Para expresarlo de manera lapidaria: *Una enfermedad psicosomática es uno de los lenguajes del niño pequeño.* Hay otro lenguaje del niño pequeño: reír, gemir, llorar y gritar. Si este lenguaje está bloqueado, la inclinación hacia enfermedades es reforzada. Por esta razón: *¡Atención a lágrimas no lloradas, gritos no voceados, carcajadas no reídas!* Las enfermedades psicosomáticas crónicas se mantienen porque en este caso nuestro sistema de auto-curación específicamente no funciona. "Específicamente" quiere decir aquí que, por ejemplo, puede mantener todo el cuerpo en buen estado, menos la rodilla derecha. Este factor, según mi convicción, es interesante referente a muchos casos de cirugía "fallida", cuando se necesitan operaciones sucesivas sin que la cirugía haya sido realizada incorrectamente.

Que las funciones físicas pueden ser muy específicas, lo demuestran experimentos con hipnosis, como por ejemplo cuando el hipnotizador dibuja un cuadrado en la mano y sugiere al hipnotizado que este cuadrado está sobrecalentado, y, a continuación, se enrojece precisamente esta zona. Lo asombroso es que se mantienen los límites artificiales del cuadrado dibujado aunque no haya nervios ni vasos que correspondan a zonas cuadradas. Esto significa que miles y miles de impulsos nerviosos tienen que ser coordinados de un modo sorprendentemente exacto.

Ahora, un ejemplo de un "deseo inconsciente de estar enfermo". Una paciente tenía un cáncer que había empezado hacía poco. Quedaba tiempo para un análisis psicosomático antes de empezar quimioterapia, rayos o cirugía. La mujer presentaba una larga historia de sufrimientos. En los últimos años nunca había pasado un lapso de más de dos años sin cirugía. En el análisis resaltaba que, como niña, no había tenido suficiente atención y caricias. Cuando cumplió cinco años la familia excepcionalmente hizo una gran fiesta. Loca de alegría, ella subió a una mesa muy alta y saltó al suelo. Se rompió una pierna. En el hospital le pusieron una tablilla y yeso.

Durante el tiempo siguiente le prohibieron andar y los hermanos la transportaban en un carrito hasta que la pierna se curó completamente. Cuando pregunté a la mujer qué le pareció esta temporada, ella sonrió llena de alegría y dijo: "¡Este fue el mejor momento de mi vida!" Ella era el centro de atención, podía mandar a los hermanos a dónde tenían que llevarla, etc.

Ella se casó muy joven, pero las atenciones del marido no eran suficientes ni de su agrado. Al poco tiempo, empezaron enfermedades que requirieron cirugía.

El grafico correspondiente sería como sigue:

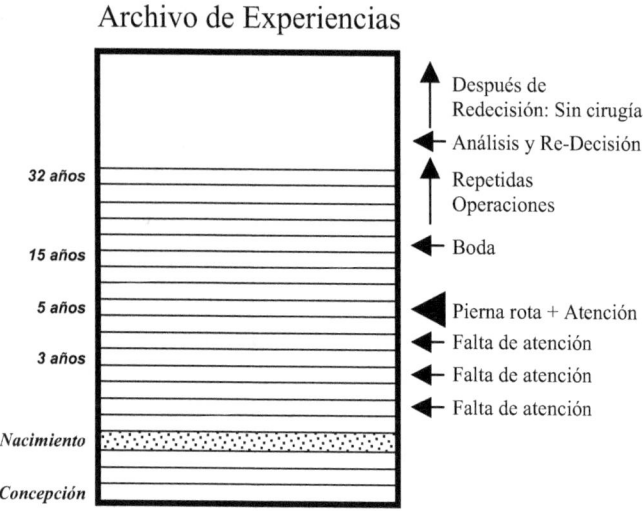

Incluso programaciones inconscientes muy pequeñas pueden influir en la vida. Por ejemplo, un muchacho de tres años tenía que esperar en el automóvil de sus padres. Cuando estuvo a solas, abrió la guantera y encontró una barra de turrón de chocolate que quizá durante todo el verano había estado allí. El muchacho lo comió, se enfermó, tuvo que vomitar y necesitó tiempo para recuperarse. Sesenta años más tarde este hombre me dijo que nunca más en su vida había tocado un turrón.

Cuando yo tenía tres años de edad, tuve una intoxicación por comer mariscos con fiebre alta y malestar durante varios días. Desde ese momento no quería comer pescado ni mariscos. Casi cuarenta años después quise hacer un favor a la persona con quien comía y comí pescado fresco. Al rato tenía una reacción alérgica y el médico me avisó que podía ser muy peligrosa pues un choque anafiláctico podría ser letal. Después hice terapia y me curé. Como prueba comía cada día pescado durante una semana. Nada de alergia. Pero hasta hoy no me gusta ni el pescado ni los mariscos. Incluso olerlos a veces me molesta. El gráfico en caso de no hacer análisis y una re-decisión será así:

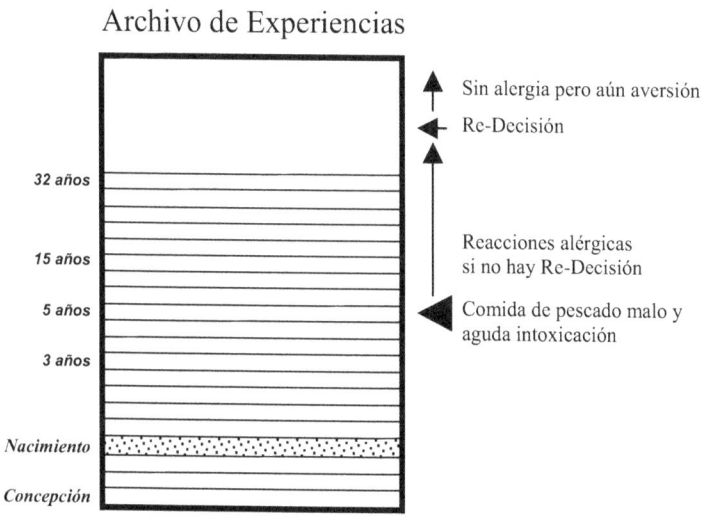

Quizá es posible con una terapia adicional terminar también con la aversión y hacer posible que coma mariscos con placer, pero me parece que esta ventaja no merece ni el esfuerzo ni el gasto.

Cuando se trata de entrelazamientos, determinadas situaciones como la de sentirse abandonado pueden percibirse más poderosamente si antes ha habido situaciones acompañadas de un estrés excesivo. Por ejemplo, alguien fue dejado a solas por tiempo excesivo. Esto significa un estrés con señales de peligro de muerte para un bebé. Si una persona tiene que hacer un viaje, u otra persona se despide de ella, parte de este estrés antiguo puede despertarse. Pero, en vez de recordar la situación de su infancia, la persona en cuestión tiene la impresión de tener nervios débiles, o algo similar.

Las experiencias influyen también en la percepción de lo que se ve, se oye, se huele, se siente. Por ejemplo, una persona no percibe el olor a quemado aunque su olfato en otras ocasiones sea excelente. La no-percepción le "protege" contra el estrés de recordar una situación opresiva en un incendio. También puede ser al contrario, que un olor se perciba de modo exagerado, por ejemplo, el aroma a pan tostado que despierte un sentido de malestar. El caso arriba mencionado referente a mariscos sería otro ejemplo análogo.

Ahora regreso al tema principal.

HORMONAS Y MEDICAMENTOS

Las hormonas desempeñan un papel importante también en las depresiones. En las "grandes depresiones" el elevado nivel de **cortisol** (hidrocortisona) llama la atención. Se trata de una de las más importantes "hormonas del estrés" que regula las cantidades de agua y de sal en los riñones, frena las inflamaciones y aumenta el nivel de azúcar en la sangre.

En una revisión médica, la concentración de cortisol en los pacientes depresivos era un 68% superior a la de las personas que no tenían depresión. Un nivel tan alto va ligado a una bajada de la concentración de la testosterona, una hormona sexual masculina. También las mujeres tienen dicha hormona, y si tienen una vida profesional o deportiva muy activa, tienen una cantidad por encima de la media de las mujeres. Lo tienen a un nivel más alto también después de tomar bebidas alcohólicas.

Otra hormona del estrés es la **noradrenalina**. En situaciones de estrés, esta sustancia libera las reservas de energía del cuerpo. En caso de que no se utilicen a través de actividad física, aparece una tendencia depresiva. Y esto es válido para todas las hormonas del estrés: una alta concentración de hormonas mantenida durante **un largo período en que no se utilizan** tiene como consecuencias tendencias depresivas. Por el contrario, un estrés corto es sano y es acompañado por un estado de ánimo agradable si las energías movilizadas se utilizan para una actividad para resolver una situación que causa temor. ¿Pero por qué están movilizadas las energías y no se utilizan? La contestación es simple: porque en la mayoría de los casos existe una "pasividad programada", descrita en el capítulo anterior.

La escasez de "hormonas de la felicidad" parece desempeñar un papel aún más importante que las propias hormonas del estrés. Las cinco sustancias siguientes tienen efectos contrarios al abatimiento:

1. La **dopamina** proporciona una sensación de bienestar
2. La **noradrenalina** provoca un sentimiento de felicidad y refuerza la creatividad
3. La **serotonina** potencia la valentía y, después de otros procesos, ayuda a conciliar el sueño. En el tratamiento con fármacos empeña un papel importante.
4. Las **endorfinas** (sustancias psicoactivas producidas por el propio cuerpo) suprimen el dolor y producen una sensación de felicidad. Destaca el importante papel que desempeña la beta-endorfina
5. La **hormona del crecimiento** tiene un efecto rejuvenecedor

Parece contradictorio el hecho de que la **noradrenalina** haya sido mencionada anteriormente como hormona del estrés y que también aparezca en la lista de las hormonas de la felicidad. Sin embargo, la explicación es que estas hormonas propician el bienestar cuando la persona está llevando a cabo algo que la situación requiere; pero la misma hormona causa malestar cuando la persona permanece inactiva. Es la pasividad en tales situaciones la que lleva al malestar, no la hormona por sí misma.

Una persona enamorada que no obedece a la orden hormonal de acercarse a la persona querida está próxima a la melancolía. Pero cuando el individuo se informa de qué clase de flores son las favoritas de quien adora, ya se siente mejor. Incluso en caso de que sea rechazado, habrá dado un paso en la dirección correcta desde el punto de vista de la hormona. Además, si a continuación considera lo pasado de modo realista y tantea nuevas posibilidades, otra vez está en el camino de conseguir una mayor calidad de vida. Pues el hecho de "digerir" rechazos, fracasos profesionales y otros contratiempos forma parte del camino de cada ser humano. ¡Además, fracasos bien digeridos muchas veces llevan a éxitos adicionales!

En la circulación sanguínea encontramos diferentes hormonas de la felicidad cuando tenemos éxito, ya sea en el trabajo, en el amor, en un juego de naipes, en el deporte, o en cualquier otra ocasión. La otra cara de la moneda es que la hormona en cuestión tiene su origen en tiempos inmemoriales y, por lo tanto, se produce y pone en marcha también si consigue que un rival o adversario emprenda la huida, pero también si le causa daño, si le hiere, tortura o mata. Seguramente, la abundancia de literatura sobre secuestros, atracos, matanzas, torturas, y violaciones se explica por este hecho, al igual que varios programas de la televisión. A veces, este mecanismo entra en acción también con nosotros mismos, seduciéndonos a herirnos y torturarnos en determinadas situaciones. Todo esto está frenado por la civilización, pero en situaciones extraordinarias el freno es débil.

El flujo de hormonas de la felicidad puede ser combinado con emociones muy diferentes. Por ejemplo, muchas veces está ligado al miedo, cosa que parece casi lo contrario a la felicidad. Sin embargo en norias, montañas rusas, y atracciones similares es habitual que los usuarios griten de terror y euforia a la vez.

Las **beta-endorfinas** frenan y cubren la percepción de estrés, dolor y agotamiento, incluso bloquean un agotamiento mortalmente peligroso. El infarto cardiaco probablemente requiera que la persona en cuestión ignore las señales de advertencia del propio cuerpo y que continúe sobrecargando su sistema. En algunos deportes, las hormonas de la felicidad junto con un número considerable de beta-endorfina llevan a daños irreparables o incluso a la muerte.

Un ejemplo es Fidípedes, el corredor de Maratón, que según la mitología siguió corriendo incluso cuando se le había desgastado completamente la piel de los pies y los huesos ya salían. El hito del mensajero Fidípedes hizo historia. Después de que los atenienses hubieran ganado a los persas en Maratón, una bahía situada a unos cuarenta kilómetros de Atenas, Fidípedes corrió sin parar hasta Atenas para informar al pueblo de la victoria. Habiendo comunicado su mensaje, cayó muerto de cansancio. Si hubiese tenido menos hormonas de la felicidad, probablemente hubiera interrumpido su carrera para descansar. La noticia habría llegado una o dos horas más tarde a los atenienses y Fidípedes hubiera vivido muchos más años. Aquí vemos, pues, que estas hormonas tan agradables en casos extremos tienen un efecto idéntico a los estupefacientes. Por tanto, otra vez se confirma la cita del inicio: "Es la dosis la que hace el veneno". Las hormonas se segregan en situaciones de alegría, canto, risas, música, ritmo, etc. Para su producción es necesario que se den las siguientes características, entre otras:

- bastante luz
- una temperatura aceptable
- comida y bebida adecuada
- actividad muscular y nerviosa
- suficiente descanso y diversión

¿Por qué luz? Muy fácil: en otoño, la lluvia es más fría, el aire también, algunas veces nieva y la luz solar es escasa. Los días son más cortos. Muchas plantas se desprenden de sus hojas y reducen su metabolismo porque la combinación de frío y falta de luz aumenta el gasto de energía. Además, la absorción de agua y sales también es más difícil por la temperatura. Los árboles y matas parecen muertos, pero no lo están, sino que la mayoría están preparando las yemas y los brotes para la próxima primavera.

Los animales también tienen programas correspondientes. En erizos o hámsteres el período de hibernación es muy visible: duermen durante todo el invierno y mantienen el metabolismo a niveles muy bajos gracias a las reservas de grasa. Sólo se despiertan raras veces para orinar. Otros animales, como ardillas y tejones, hibernan y únicamente se despiertan de vez en cuando para buscar alimentos. Como se puede deducir fácilmente, necesitan mucho menos alimento debido a que están pasivos durante largos períodos. Estos sistemas se guían mediante las hormonas que se segregan cuando los días se hacen más cortos.

También los humanos tenemos estos programas hormonales con el fin de gastar menos energía en invierno. Se puede decir que tenemos una fase de hibernación parcial que se manifiesta con una mayor necesidad de reposo. En las culturas occidentales de Europa, de Japón y de Norteamérica no existe mucha comprensión para tales necesidades naturales. Alguien que no tiene plena eficiencia es considerado débil. Esto no sería grave si la propia persona no se viera a sí misma de esa forma negativa, no se reprochara su falta de ánimo y su "pereza", ni hiciera tanto caso de las opiniones de los demás.

Puede ser que una fase depresiva dé lugar a una serenidad casi absoluta cuando la persona acepta su falta de energía como algo natural y deja de enfadarse consigo misma por este motivo. De este modo, una fase depresiva desagradable se convierte en una "fase curativa de reposo parcial" agradable, tan pronto como se acepte la realidad.

Por desgracia, con frecuencia es difícil tener esta actitud interna positiva, puesto que los prejuicios programados en la niñez están bastante arraigados en nuestro Archivo de Experiencias. Además, algunas personas tienen la impresión de que pierden parte de su personalidad si amplían su manera de pensar y comportarse. Esto naturalmente no es así, pues una persona que permite dejar de increparse continuamente no ha perdido esta facultad sino que se ha abierto una alternativa adicional.

Hay otra dificultad que el autor Stephan Klein describió así: "En caso de una depresión, el cerebro parece helarse como la vegetación en invierno". Pero por desgracia no se hiela la parte del cerebro que finge que estamos en invierno... aunque la primavera ya haya comenzado hace tiempo.

Es comprensible que en la medicina la depresión está considerada como enfermedad y se usan antidepresivos para aliviar este padecimiento. En la medicina naturista el Hypericum perforatum (Hierba de San Juan) es una de las plantas muy apreciadas, muchas veces combinado con otras plantas, para reducir los efectos secundarios nocivos. Por lo general los medicamentos naturales tienen menos de tales efectos que los productos químicos, pero sí lo tienen. No cabe duda que el veneno de una cobra también es un producto natural y es lejos de ser inofensivo. Hay personas que creen que todos los productos naturales son inofensivos y considero que tal creencia es un error que puede tener consecuencias graves.

En la medicina basada en antidepresivos químicos actualmente muchas veces se usan sustancias que mantienen un nivel relativamente alto de una o de varias "hormonas de felicidad" mencionados, como por ejemplo la serotonina. Estos productos se llaman inhibidores de reciclaje, porque mantienen el nivel alto de las hormonas en cuestión, frenando la desintegración natural de éstas en nuestro cuerpo. Los efectos secundarios de estos antidepresivos pueden ser por ejemplo: resequedad en la boca, náusea, nerviosismo, insomnio, problemas sexuales y dolor de cabeza.

LA NOSTALGIA DE LA MUERTE Y EL ANHELO DE VIVIR

En las depresiones el conflicto fundamental parece ser el conflicto entre la nostalgia de la muerte y el impulso de vivir y de gozar la vida. Las religiones, muchas veces sin darse cuenta, refuerzan el anhelo de la muerte, especialmente en el Islam, que promete al varón creyente placeres interesantes. En el cristianismo, el mayor placer es la presencia de Dios, un placer algo teórico para mucha gente, pero un placer a pesar de todo. Es una pena que los esfuerzos de los centros religiosos de curación que tanto mérito tenían - y continúan teniendo - no hayan observado este lado de la fe. Muy diferente es en el budismo donde existe la idea de que el máximo grado de desarrollo significa morir sin tener que vivir jamás otra vez, sin más reencarnaciones.

Un interesante ejemplo de una persona con una fuerte nostalgia de la muerte lo describió Thomas Mann en su libro *La montaña mágica*. En un sanatorio alpino suizo para pacientes con tuberculosis se hallaba un oficial alemán y, como la mayoría de pacientes con esta enfermedad en la época anterior de la Primera Guerra Mundial, no se curaba. Pero, poco después de estallar la guerra, se curó y pudo tomar su puesto como oficial del ejército del Imperio Alemán. Poco después, cayó en combate, una muerte muy apreciada por militares de aquella época.

Desde luego, también para los librepensadores la ilusión de no tener que vivir más puede parecer placentera, o por lo menos un gran alivio en ciertas circunstancias. Sócrates dijo: "Nadie conoce la muerte. Y nadie sabe si no es el mayor regalo para los humanos". El autor Romain Gary incluso hablaba de la dispensa de la vida.

Existe una diferencia fundamental entre estar muerto y morir. Por lo general, nuestro anhelo de la muerte significa que deseamos estar muertos pero al mismo tiempo queremos evitar el morir, pues tenemos razón con temer este acontecimiento.

Ya en una edad muy joven sentimos la necesidad de manejar el conflicto entre las dos fuerzas elementales en cuestión, y la depresión fundamental se puede ver como un compromiso infantil entre "no me mato" y "no quiero vivir". El compromiso puede ser la decisión de "no vivir de verdad". Cuanto mayor es el anhelo de la muerte, mayor tiene que ser el grado de la depresión, de la pasividad, para proteger así la vida. Algunos terapeutas se decepcionaban cuando pacientes que habían salido de la depresión se suicidaban. Algunos medicamentos antidepresivos también producían el mismo resultado fatal, especialmente en pacientes jóvenes. A éstos, la terapia les proporcionaba coraje y energía, pero estaban en una situación comparable a la de un piloto que se tira de un avión en llamas sin abrir el paracaídas. La protección que les falta en tal caso es tener otra alternativa que la depresión, usando mejor su capacidad reflexiva para ponderar conscientemente las ventajas y desventajas a largo plazo y tomar una decisión más positiva que quedarse depresivo.

Una redecisión madura podrá ser por ejemplo: "Me responsabilizo de mi vida y no me mato sin antes barajar todas las posibilidades, tanto con la razón como con el corazón". El nuevo compromiso puede ser: "Vivo de verdad y me permito gozar la vida, acepto luchar cuando estoy en una fase difícil, y cuando viene mi hora me permito morir en paz". En la terapia se facilita una redecisión de esta índole si la persona hace un contrato consigo misma, consciente, de todo corazón y de plena responsabilidad. Este contrato podría ser de la forma siguiente: "No me mato, pase lo que pase. No me vuelvo loco, pase lo que pase. No mataré a otra persona, salvo en caso de legítima defensa. Plazo de anticipación para rescindir este contrato: dos días". En este contrato el término "legítima defensa" está de acuerdo con la legislación actual y significa defenderse con todas las fuerzas cuando alguien quiere matarnos o matar a los nuestros, por ejemplo, a nuestros hijos.

Es importante que el contrato se firme con uno mismo, no con otra persona ni para terceros. El contrato puede ser rescindido en un plazo comprendido entre las 24 horas y los tres días. Es indispensable un mínimo de 24 horas para poder tener un día y una noche para revisar todas las posibilidades. Más de tres días será un plazo demasiado largo para nuestra parte emocional, para el niño que llevamos dentro.

Como he dicho, el plazo de rescisión no debe ser largo, pues la parte emocional de una persona no entiende de plazos largos. Tengo dos ejemplos de contratos que hice por un plazo demasiado largo, en este caso, para toda la vida: el primero fue mi juramento como soldado de Hitler, y el segundo, mi primer matrimonio. Violé los dos, y estoy muy contento, puesto que los contratos no eran auténticos, ya que les faltaba una cláusula de rescisión. Y un contrato sin posibilidad de rescindirlo no es un contrato, sino el intento de eliminar el uso de la libre voluntad de una persona para toda la vida.

SUICIDIO Y HOMICIDIO

Además de tener la función de evitar el suicidio, la depresión también frena la agresión contra otras personas. Puede parecer que muchos depresivos no son agresivos, pero en el fondo sí lo son, pues muchas veces de modo camuflado manifiestan una agresión mortal contra sí mismos.

En este contexto, es interesante una investigación que se hizo alrededor de los años setenta del siglo pasado. Se comparó el número de suicidios y homicidios en dos países católicos: Austria y México. La estadística para estos dos estados reflejaba que por cada 100.000 habitantes había 23 muertes cada año, causadas por suicidio o por homicidio. En Austria, las causas de las muertes se repartían de la siguiente manera: 22 suicidios y un homicidio; mientras que en México, había 22 homicidios y un suicidio.

Recuerdo dos riñas que presencié estando de vacaciones en Acapulco. Cada una de estas riñas terminó con más de veinte muertos. En un caso se trataba de una boda, en el otro de un congreso de un sindicato. Las circunstancias para que se produjeran dichos homicidios se propiciaban debido a la existencia de un artículo de la constitución mejicana que dice: "Todo ciudadano tiene el derecho de portar armas". Hasta los años setenta del siglo pasado, para comprar un revólver o una pistola automática de un calibre hasta nueve milímetros (el calibre que usan muchas fuerzas antiterroristas europeas) no se requería permiso de armas. Posteriormente, la posesión sin licencia de armas se redujo hasta el calibre de 5,6 milímetros. Pero incluso con una pistola así es fácil matar a una persona. Quienes tienen la costumbre de llevar armas a bodas y mítines sindicales tienen reacciones diferentes de los austriacos, los cuales no suelen llevar armas a estos eventos.

Es evidente que las tendencias agresivas forman parte de la naturaleza humana. Al contemplar la historia de la humanidad, llama la atención que los largos períodos de paz fueron la excepción. No sólo había guerras y campañas de pillaje por oro y plata, por territorios, esclavos o por el trono de un país, sino también hostilidades privadas (*Fehden*). El clero del Imperio Alemán quería reducirlo mediante períodos de Paz de Dios (*Tregua paci dei*). Esta paz debía de durar de miércoles a lunes por la mañana. Su efecto no era radical.

Aparte de esto había guerras por venganza y otras cuyo objetivo no es muy comprensible para nosotros, como las hostilidades de los aztecas contra sus vecinos con el único fin de capturar prisioneros para sacrificarlos en matanzas rituales.

En vista de lo dicho es de suponer que en nuestro Archivo Genético existe tanto el apremio de matar a otros como de matarse a si mismo bajo determinadas circunstancias. Y la depresión puede ser un freno inconsciente para ambas posibilidades. Desde luego hay otros frenos que son conscientes y que trabajan relativamente bien mientras el estrés o el entusiasmo no nos someten.

TRES FORMAS DE PASIVIDAD

En los estados depresivos el no hacer nada, o el no hacer lo que requiere la situación, empeña un papel muy importante. Aquí describo las tres formas básicas de pasividad, o sea:

A- La Pasividad Genética
B- La Pasividad Programada
C- La Pasividad Voluntaria

A- La Pasividad Genética. Los programas genéticos datan de nuestros antepasados. No tenemos ni mérito ni responsabilidad de tenerla. Aquí trato lo que corresponde a un reflejo de hacerse el muerto. Describía ejemplos en el capítulo sobre la depresión benéfica. Este programa tiene la gran ventaja que se evitan fuertes tensiones y se ahorra energía, ya que *desde el principio casi no se gasta energía en preparar una actividad.* El apremio de hacer algo sólo está creado en muy pocos campos, como por ejemplo el afán de obtener comida mencionado en el relato sobre el cautiverio en Francia. La desventaja es que este programa no es exactamente adecuado a la situación actual, ya que el Archivo Genético contiene conductas adecuadas para el medio ambiente de decenas de miles de años atrás. El reflejo de hacerse el muerto lo encontramos no sólo en hombres sino también en animales mamíferos y otros animales hasta por ejemplo en insectos.

Aquí un ejemplo de mamíferos: Algunas especies de serpientes localizan sus presas a partir de los movimientos de éstas o persiguiendo la huella de olor, ya que no poseen un sentido de la vista lo suficientemente sofisticado para detectar con precisión objetos que no se mueven. Por esta razón, pasan junto a ellas sin percatarse de su presencia si están completamente quietas, y no están en la huella que persigue la serpiente.

Antiguamente se creía que las serpientes hipnotizaban a los ratones para poder atraparlos con más facilidad. Una observación más atenta indicó todo lo contrario: los ratones y otras posibles presas tienen un reflejo innato de quedarse quietos y la serpiente pasa sin darse cuenta de la presa cercana. Así pues, esta pasividad está al servicio de la protección de la vida de los ratones. Durante el estadio quieto el ratón observa los movimientos de la serpiente con precisión para aprovechar el mejor momento de fuga.

Sin embargo, existen especies de serpientes que localizan sus presas mediante un órgano sensible a los rayos infrarrojos, en este caso pues, el ratón estaría perdido, ya que la serpiente lo detectaría por su temperatura y la inmovilidad no otorga ventaja.

La pasividad genética humana no tiene importancia en las depresiones agotadoras.

B- La Pasividad Programada. Aquí hay conductas más modernas, pues fueron aprendidas en nuestra vida . Lamentablemente aquí se gasta mucha energía, las reacciones físicas pueden ser muy fuertes y se producen emociones desagradables. Hay una lucha entre un apremio genético de actividad en caso de peligro (correr tras la mamá, huir, golpear, morder, gritar etc.) y una prohibición inconsciente aprendida y programada en el Archivo de Experiencias, de hacer lo que el apremio genético exige. En este enredo hay una gran pérdida de energía, pues el activar actividades como las descritas ya es un esfuerzo, y el frenar estas mismas actividades representa otro esfuerzo. El resultado es un agotamiento aunque la persona parece haber sido completamente pasiva. Otras personas no ven el derroche interior de energía, y el depresivo mismo no se da cuenta que está haciendo un gran esfuerzo. Sólo siente el agotamiento.

Un ejemplo sería una persona que en su niñez había aprendido que no se debe contradecir a una autoridad paterna, y la percepción actual (sea consiente o subconsciente) que la autoridad presente actúa de forma irresponsable.

En tales casos se aumenta la presión sanguínea, se crean tensiones musculares, hormonas son vertidas para apoyar una mayor actividad etc., pero precisamente estas actividades así preparadas son bloqueadas. Y este bloqueo a su vez consume energía, de modo que esta persona se siente sin fuerza para hacer algo más que luchar internamente sin darse cuenta lo que pasa. En depresiones la pasividad programada descrita aquí es de gran importancia en depresiones agotadoras.

Ahora, sigamos con un ejemplo de pasividad programada. La psicóloga Susan Mineka, del Centro de Primates de la Universidad de Wisconsin, observó lo siguiente: los monos nacidos en el laboratorio no tenían miedo alguno a las serpientes y cuando querían un plátano estiraban el brazo por encima de ellas para alcanzarlo. Sin embargo, después de que un animal veía un vídeo en el que aparecía un mono que mostró pánico frente a una serpiente, éste desarrollaba una duradera fobia hacia las serpientes. Este miedo era tan intenso que el mono ya ni siquiera pasaba cerca de su jaula que estaba justo al lado de la de la serpiente y, mucho menos, trataba de alcanzar un fruto alargando su mano por encima de una serpiente. No obstante, si en el vídeo se veía un mono que parecía tener pánico de una flor, el mono en cuestión no desarrollaba una fobia a las flores como consecuencia de ello.

Aparte de haber aprendido una fobia hacia las serpientes, nuestro mono también ha programado una pasividad. Pues al dejar de usar la parte de su jaula colindante con la de la serpiente, limita innecesariamente su campo de acción.

Los niños aprenden a estarse quietos, callarse y quedarse pasivos mediante prohibiciones y castigos o tomando como ejemplo la actitud de los padres y otras personas mayores. Puede ser que un niño en vez de aprender a nadar, aprenda a no acercarse demasiado al agua o incluso a la orilla. O el niño quizás aprenda a tener demasiado respeto a personas con autoridad hasta no permitirse hablar sin haber sido invitado a ello. Estas "programaciones" no se eliminan por sí solas con la edad. Cuando este niño llegue a la edad adulta y se encuentre con una autoridad, tendrá un estrés exagerado que se manifestará con signos como manos húmedas, sudoración en la frente, palpitaciones, asfixia, etc. En tales casos, por lo general, se puede observar que en un grupo otras personas no apoyan al rebelde aunque estén de acuerdo con su opinión, ya que ellos también tienen un programa de no contradecir a autoridades.

Como he dicho, estos programas no se eliminan por sí solos, pero sí pueden ser reducidos, de forma consciente o inconsciente. Un ejemplo sería el niño que teme al agua. A una edad posterior aprende a nadar para impresionar a una muchacha y habla con ella sobre su costumbre anterior de evitar aguas y orillas. Esta decisión parecía ser la mejor con sus conocimientos y los reglamentos de sus educadores de entonces.

Si no se elimina la pasividad, ésta surge también cuando hay un conflicto de intereses. Si una mujer quiere separarse de su marido porque ya no soporta vivir con él pero tiene miedo a sufrir problemas económicos si lo hace, la inactividad específica por lo pronto parece lo más fácil. Sin embargo, en la fase depresiva también está bloqueada la energía para buscar una mejor solución. Lógicamente, a la larga ésta no favorece a la mujer su calidad de vida.

C- La Pasividad Voluntaria. También en este caso el apremio de hacer algo ya está creado en el Archivo Genético, sin embargo la actividad correspondiente puede ser bloqueada en la Zona libre por ejemplo por la *decisión de no hacer absolutamente nada* en este momento. La ventaja de la pasividad voluntaria es que la conducta puede adaptarse fácilmente a la situación actual. La desventaja es que también aparte de pérdidas de energía hay reacciones físicas y emociones molestas, por ejemplo si ante su jefe una persona no expresa sus emociones, para no comprometer su posición. Parte de este atasco a veces es desahogado más tarde en conversaciones con amigos ("Me hubiera gustado partirle la boca a este idiota" o "Por poco me hubiera cagado en los pantalones"). En caso de pasividad descrita en este párrafo hay la gran ventaja que usando la inteligencia consciente la pasividad puede ser terminada muy rápidamente mediante una decisión para una alternativa menos desventajosa. También hay la posibilidad de resolver la situación sólo parcialmente, haciendo sólo un pequeño paso en adelante con este fin. Ya una decisión correspondiente baja el apremio y facilita encontrar más soluciones.

Un ejemplo puede ser la decisión "Voy a hablar con X. sobre esta situación", o "consultaré el abogado Y. antes de hacer algo más." Tales pequeños cambios (si la decisión anterior era "no hacer absolutamente nada", lo que implicaba que ni siquiera hablaría con alguien) por lo general tienen un efecto muy positivo porque la persona no sólo ha dado un paso para resolver el conflicto interior sino también se da cuenta que tiene la posibilidad de mejorar su situación poco a poco mediante sus propias decisiones. Por esta razón, en el consultorio de médicos y psicólogos los estados depresivos a base de una pasividad voluntaria no tienen importancia.

LA PASIVIDAD ESPECÍFICA

En todas las tres formas de pasividad mencionadas existe la variedad de la pasividad específica: la persona empieza una actividad hasta convertirse en febril pero que no tiene ninguna relación con lo que inicialmente se proponía hacer o ya había empezado de hacer.

Tal fenómeno existe también en el mundo animal. En una lucha entre gallos no es raro que un gallo interrumpa la lucha y empieza a buscar comida, o limpiar sus plumas o escarbar. Los canguros se limpian las orejas en vez de luchar, etc. Las personas se rascan la cabeza en vez de decir algo que pudiese llevar a un conflicto, etc.

Como he dicho, la persona en cuestión no queda pasiva sino demuestra hasta mucha actividad, pero evita completamente una actividad para resolver la situación actual. Describo aquí un ejemplo inofensivo: Quiero escribir una carta en un asunto delicado, y cuando me siento para escribir estoy notando que no tengo mis gafas. Las voy a buscar, y cuando las he encontrado veo que la papelera está llena. La traigo al contenedor de basuras en el patio y la vacío. A la vuelta veo que mi coche está mal aparcado. Lo meto en su lugar. Al cerrar la puerta me doy cuenta por enésima vez que la puerta encaja mal. Esta vez llamo directamente al taller y pido cita. Después de tener la cita estoy tranquilo y regreso al escritorio para escribir la carta... y me doy cuenta que en alguna parte he olvidado mis gafas.

EMOCIONES SUPRIMIDAS

Como todo esto parece indicar, la agresión puede ser peligrosa cuando se suprime durante mucho tiempo y después se exterioriza motivada por una provocación relativamente leve. En el caso de los homicidios de Acapulco, parece muy claro que las personas que participaron en el congreso sindical y en la boda tenían agresiones acumuladas no expresadas. La simple expresión de estas agresiones en forma de palabras o de gritos (en el caso de que éstas hubieran estado reprimidas inconscientemente durante mucho tiempo) hubiese podido servir de válvula de seguridad y hubiera impedido que la presión acumulada sobrepasase el nivel que nuestro sistema es capaz de aguantar.

Durante mi formación terapéutica pasé una temporada en el *Instituto Casriel* en Nueva York. Allí se animaba a los pacientes a gritar con mucha intensidad. Recuerdo la historia de un joven cuyo padre le había maltratado de modo muy cruel. Después de que el chico exteriorizara su enfado gritando sin impedimentos, le cambió la expresión de la cara, puesto que los músculos faciales se le habían relajado más profundamente de lo que lo habían hecho con meditación y técnicas similares.

Pero incluso emociones como la tristeza, la alegría, el placer y el miedo pueden llevar a un estado de ánimo depresivo cuando inconscientemente no se exteriorizan. Entonces tal vez nos preguntemos por qué reprimimos inconscientemente la alegría, el placer y la voluptuosidad. La respuesta no es difícil si recordamos cuánta energía pusieron las autoridades eclesiásticas y civiles en prohibir los placeres del amor sexual, de la voluptuosidad, etc. Recuerdo la teoría cristiana según la cual Dios creó el acto de tener hijos, pero que a la vez anuncia que un placer que acompañe dicho acto procede del diablo. En la doctrina cristiana, pues, no caben los actos que no tengan finalidades reproductivas y que meramente satisfagan la alegría de la vida.

¿Y la represión de la tristeza? La mayoría de las personas recuerdan muy bien las advertencias de cuando eran chicos: "¡No llores!".

Una vez que se exteriorizan las emociones prohibidas, se esfuma la nebulosa depresiva que protege a la persona contra la expresión. He observado gratamente como en muchísimos casos terminó un estado depresivo después de que la persona que lo padecía llorase, riese o gritase con toda su alma. Esto muchas veces sólo puede ser posible después de haber trabajado parte del problema y después de haber logrado cierto distanciamiento de los padres y profesores, mencionados en el prólogo de este libro.

LA DEPRESIÓN COMO FRENO DE EMERGENCIA

Es lógico que la depresión no existiría si sólo tuviese aspectos negativos. Por esto, hay que investigar las ventajas de este estado. Por ejemplo, otras personas pueden sentirse propensas a prestar ayuda a una persona deprimida, por lo menos durante algún tiempo. Sobre todo personas que prefieren el rol de "Salvador". Pero la mayor ventaja parece ser la función de freno de emergencia. Como he dicho en el párrafo anterior, por ejemplo, para evitar un suicidio impulsivo. Se pudiese verlo como una depresión benévola que quiere salvar la vida. Y la vida está amenazada por el apremio de matarse.

Fases depresivas también tienen una función positiva cuando una persona está agotada a causa de una enfermedad infecciosa o una lesión grave. En tal caso, el humor depresivo impide que esta persona se agote físicamente o mentalmente. Esto podría ocurrir en el caso de un hombre de negocios cuya empresa está cercana a la quiebra, en el caso de un ejecutivo que ha tomado la responsabilidad de una operación catastrófica lejos de su patria, o en el caso de una madre que, después de nacer el niño, encuentra que la carga es demasiada. En tales casos, la depresión evita que esta persona abuse de sus fuerzas, evitando así un infarto cardiaco o un agotamiento mortal. El profesor Randolph M. Nesse, de la Universidad de Michigan, lo expresó de la siguiente forma: "(la depresión) nos protege de excedernos por algo que no nos conviene. Nos obliga a dejar un espacio para la regeneración, para pensar y para un nueva orientación mediante el quedarse emocionalmente de piedra". [2]

Un médico puede ayudar a aliviar una fase depresiva cuando se presenta a causa de una gripe. Sencillamente, tiene que informar al enfermo que seguirá una fase depresiva que tiene una función protectora, indicando que tal fase dura más o menos tres semanas, si no hay una complicación u otras cargas adicionales. Una información semejante también es útil para la madre sobrecargada o una mujer embarazada en ciertas circunstancias. También un *coach* puede dar una información similar al empresario o ejecutivo, para que no sobrevalore tales fases. Desde luego si el *coach* tiene la impresión de que aparte existen problemas personales, tiene la obligación de dar información sobre las posibilidades de ayuda. Una terapia con medicamentos, en tales circunstancias, por regla general tendrá mas desventajas que ventajas, incluso puede ser peligrosa.

En el caso de la enfermedad bipolar (maníaco-depresiva) parece que el estado depresivo constituye el freno de emergencia cuando la persona en el estado maníaco ignora las señales de parada usuales, cuando habría peligro de muerte si los esfuerzos siguieran. Por esto, en esta enfermedad muchas veces no se recetan medicamentos contra la depresión, sino medicamentos que frenan la fase maníaca, como el carbonato de litio. Lamentablemente, estos medicamentos no llevan automáticamente a un estado de bienestar.

Una víctima de esta enfermedad, Wolfgang Baitz, recobró su salud sin tomar medicamentos. Sobre sus experiencias escribió el libro *Verloren im Labyrinth - Alternative Therapie für Manisch-Depressive (Perdido en el laberinto - Terapia alternativa para maníaco-depresivos)*. El autor afirma que sabe controlar su estado maníaco. Y si logra esto, el estado depresivo ya es superfluo.

En todos los casos, se confirma lo que el gran médico Paracelso dijo en el siglo XVI: "La dosis hace el veneno". Si lo vemos así, en el caso de la enfermedad bipolar, la dosis de actividad en la fase maníaca es excesiva, la tiroides y otras glándulas aportan al organismo sustancias estimulantes en dosis extremas. Como último recurso, aparece la depresión para impedir una muerte prematura o un padecimiento crónico.

En resumen: Una fase depresiva no es una enfermedad. Llega a tener cara de enfermedad sólo cuando es excesiva, cuando dura demasiado. Y, en tal caso, la depresión no es la enfermedad, sino el problema que está por debajo.

Las depresiones, en estos casos, funcionan como "contra-regulaciones salvadoras". Tales funciones también pueden tener ataques de pánico, o problemas aparentemente físicos como náuseas, fuertes dolores, etc. En caso de que un ataque de pánico sea demasiado fuerte y amenace la vida de la persona, puede ser que una depresión aparezca y bloquee el pánico, la contra-regulación salvadora excesiva.

Ahora, me centraré en el campo donde existe la mayoría de las depresiones, y éstas no son las que protegen contra un peligro real, sino contra algo que tiene todas las señales de un peligro real.

Una persona que, por un lado, en su plan de vida tiene una profunda convicción de que un divorcio está prohibido por

Dios y, por otro lado, en su vida real siente su matrimonio como absolutamente insoportable, está en un aprieto que favorece la depresión. Pues ésta exige que, por lo pronto, no haga nada, y no se siente capaz de hacer algo. Por lo general, tal situación se arregla con el tiempo: Los cónyuges hablan el uno con el otro y deciden ciertos cambios, o una persona se separa de la otra. Hasta aquí la situación es desagradable, difícil, etc., pero por sí no lleva a depresiones profundas de larga duración.

Pero, si en la niñez de uno hubo una preformación de una tendencia depresiva, la cosa es más grave. Aunque la persona ya tenga cuarenta años o más, se despiertan las emociones funestas y reacciones físicas estresantes del período de la preformación de la tendencia a depresiones graves. Como la razón por esta carga espantosa adicional no está en el consciente de la persona en cuestión, ella experimenta sus emociones y su desamparo como actual e inevitable. Éste es el gráfico correspondiente:

Archivo de Experiencias

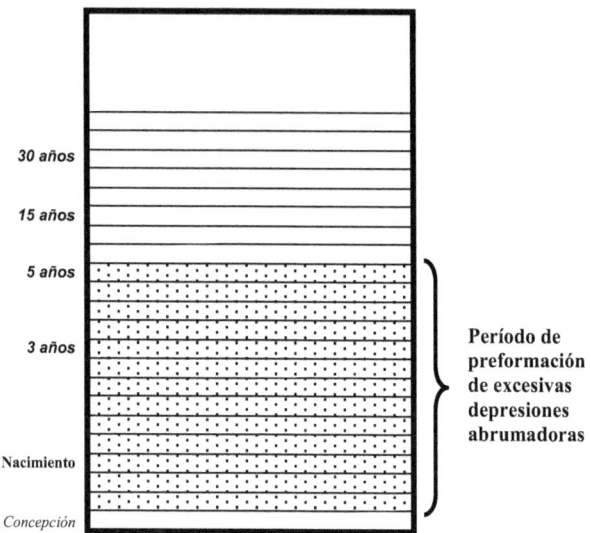

Se presentan, al igual que entonces, las emociones que resultaron de un desamparo total, de una insoportable amenaza siniestra y de una desesperación indescriptible, combinado con la impresión de ser incapaz de hacer algo para cambiar el estado catastrófico.

Por ejemplo, como bebé esta persona ha sido olvidada en su cochecito por sus hermanos en un lugar aislado. Padece un sufrimiento durante unas horas que parecen interminables. Esto forma un "paquete" compuesto de soledad, desamparo, imposibilidad de cambiar la posición (pasividad con excepción de poder chupar el pulgar), sed, miedo, ira, etc. Este paquete puede ser activado por cualquier situación en la cual parece haber el peligro de ser abandonado, pero sin recordar la situación misma.

Esto es comparable a una persona que en un tren acciona automáticamente el freno de emergencia porque ha oído una sirena que, en su niñez, significaba que habría inminentemente un ataque militar a pocos kilómetros de distancia.

En el caso de una separación, las palabras de un cónyuge: "¡Me voy y te quedas solo!", pueden desencadenar una reacción de esta índole.

Lo difícil en este caso es que el estrés, las emociones negativas y la desesperación le dominan plenamente. Pero el buen fin de la situación difícil no parece ser grabada aunque la persona correspondiente vive todavía, lo que significa que había sido salvada entonces. Por desgracia, el alivio de la salvación falta en este conjunto tan desastroso. Si la situación desesperada fue experimentada antes de que el niño pudiera hablar, el buen fin ni siquiera existe en palabras. Si se presenta un caso de esta índole, la función de un terapeuta es:

1) Trabajar el contrato de "salidas de emergencia"
2) Animar al paciente a expresar sus quejas en forma de objetivos
3) Encontrar y atenuar mandatos que llevan a un callejón sin salida
4) Evaluar las ventajas del estado depresivo
5) Desarticular los desencadenantes de la depresión
6) Encontrar las posibles preformaciones depresivas
7) Introducir la información de la salvación en la región de preformación
8) Introducir aptitudes actuales en la región de preformación (en la cual estas aptitudes no existieron)

Referente al punto 7, el introducir la información de la salvación, del buen fin de una situación peligrosa, en la región de preformación: Aquí repito un ejemplo que ya fue mencionado en otra publicación: Una cliente me dijo que nunca iría a cierto valle de los Alpes. A mi pregunta acerca de la razón, ella me dijo: "En este valle hay un lago en el cual por poco me hubiera ahogado porque me deslicé de la orilla. En este tiempo aún no podía nadar y ya me había hundido cuando en el último momento pude agarrar una raíz, en la cual pude subirme."

En vez de evitar visitas a este hermoso valle le recomendé visitar el lugar de esta vivencia y decirse a sí misma: "Aquí estuve en el peligro de ahogarme y en el último momento me salvé agarrando una raíz y subirme yo mima." En este momento ya percibí una ligera sonrisa indicando que ella había comprendido. Siguió mi recomendación y a partir de ese momento disfrutaba visitando el valle en cuestión. Sus reacciones de estrés se redujeron no sólo referente a este valle sino también en otras situaciones. Su auto-confianza había subido.

Referente al punto 8, el introducir capacidades actuales en una capa temprana, también cito un ejemplo. Se trató de un cliente que a la edad de poco más de dos años sufrió un estrés importante. Su hermano mayor, probablemente molesto por el lloro del pequeño apretaba un cojín sobre la cara de él. El pequeño no tenía bastante fuerza para defenderse y tenía miedo a ser ahogado, con el estrés correspondiente. Al tiempo, el hermano desistió. En situaciones críticas el cliente tenía un "paquete" compuesto de asfixia, de miedo exagerado con reacciones de estrés, y la sensación de indefensión.

En una sesión terapéutica pregunté al cliente cuál hubiera sido una conducta favorable para un niño de mayor edad, con más fuerza. Después de una conversación sobre varias posibilidades el cliente dijo que lo mejor sería repeler el cojín con toda fuerza, levantarse y gritar en voz muy alta: "¡Atrás, y si lo tratas otra vez te voy a apalear!"

A continuación representamos la escena, el cliente tenía que imaginar que era otra vez pequeño, pero esta vez se defendería como alguien mayor. Entonces yo apretaba un cojín sobre la cara y después de poco tiempo él me repeló con fuerza y me gritó enérgicamente.

Con otros clientes tuvimos que repetir tal ejercicio varias veces porque en el primer intento no parecían tener la fuerza para repeler y gritar fuerte. En algunos casos era importante incluir un ejercicio para la capacidad de evaluación de bienes, por ejemplo si había la probabilidad de exceso de agresividad.

Como la parte más importante del entrelazamiento desventajoso en tal caso se encuentra en el subconsciente, hay que investigar el posible período de la preformación. Y para esto se necesita la colaboración del depresivo y, quizá también, de sus parientes y otras personas que lo conocieron desde el embarazo de su madre y que pueden describir situaciones que el depresivo no tiene en su memoria consciente. El terapeuta tiene que tener claro que para un bebé ya la estancia en un hospital y la separación de la madre puede ser experimentada como una catástrofe, aunque la situación fue la salvación del niño y fue para el bien de la madre.

Con todo lo expuesto, no quisiera decir que los medicamentos contra la depresión tengan que ser evitados a toda costa. Algunas veces sólo es posible la terapia si la persona en cuestión recibe también apoyo farmacológico, ya sea por parte de la medicina naturista (por ejemplo, hipérico) o de la química. Los medicamentos, en algunos casos, pueden facilitar el proceso de curación, sobre todo en casos de un desarrollo muy avanzado.

Hay ocasiones en las que puede ser "demasiado tarde" para una terapia psicológica. En tales casos, un apoyo farmacéutico, por lo menos, presenta un alivio parcial. El significado de la expresión "demasiado tarde" en estos casos nos lo proporciona, por ejemplo, el desarrollo de la visión. Si la córnea del recién nacido es "nublada", la retina no tiene la posibilidad de aprender a ver, pues sólo ve niebla. Si años después se detecta esta deficiencia de la córnea y se hace una operación con éxito, el ciego continúa siendo ciego: el período de aprendizaje de la retina ya había pasado. Este fenómeno lo conocemos también en otros campos. Un niño que crece en un ambiente donde se hablan tres lenguas, las aprende sin mayor esfuerzo. A la edad de veinte años, este aprendizaje es más difícil. Si a los sesenta años una persona monolingüe quiere aprender dos lenguas más, sólo logrará un dominio reducido de las dos lenguas nuevas, y le supondrá un esfuerzo considerable si no le da placer el proceso de aprender.

En una depresión cuya causa es un compromiso infantil entre "vivir y no vivir", éste puede ser sustituido por el compromiso adulto consciente de vivir de forma más libre, permitiéndose placeres presentes y períodos adecuados de descanso, liberándose de situaciones difíciles con valentía e inteligencia, y de morir en paz cuando su reloj biológico se para.

Es lo que se llama "redecisión", una decisión consciente tiene que estar acompañada por un proceso emocional y de reacciones físicas correspondientes. O, dicho en otras palabras, para que la redecisión sea efectiva debe tomarse con la cabeza, con el corazón y con el vientre, todos a la vez. Esta clase de redecisiones pueden tomarse incluso en una edad avanzada.

En ciertos casos, una "programación" incluso si es intensiva no tiene que ser decisiva para toda la vida. Hay ejemplos que justamente la preformación depresiva en el niño puede llevar a una decisión emocional que expresada en palabras diría por ejemplo: "Cuando hago una vida activa, cuando tengo éxito, puedo evitar las emociones depresivas o la pesada falta de emociones". Estas personas suelen ser muy eficaces. La temible sombra de una depresión sólo amenaza si por largos períodos faltan éxitos.

EL PELIGRO AL TERMINAR UNA DEPRESIÓN

Para un terapeuta el mayor éxito es cuando termina una depresión o un estado depresivo abrumador. Pero atención: Como dicho en el capítulo sobre la depresión como freno de emergencia, al aflojar el freno puede despertar el afán de suicidio con todas las fuerzas. Esto lo comparo con el freno de emergencia de un tren, en el cual no se debe de soltar el freno antes de que el riel se haya reparado u otra zona peligrosa haya sido puesto en orden.

El despertar un apremio de suicidio con consecuencias deplorables ocurre de vez en cuando, tanto en caso de antidepresivos, como en caso de psicoterapia. Varios casos no se registran, porque los suicidios parecen ser accidentes.

Me permito repetir parte de lo dicho anteriormente porque clientes de terapeutas especialmente eficaces pueden estar en mayor peligro. Por esto llamo la atención sobre lo dicho en el capítulo sobre la nostalgia de la muerte repitiendo el contrato "No me mato, pase lo que pase. No me vuelvo loco, pase lo que pase. No mato a otra persona, salvo en caso de legítima defensa. Plazo de anticipación para rescindir este contrato: (*un plazo entre 24 horas y tres días*)".

Probablemente hay otros métodos para evitar "suicidios por éxito". No es necesario utilizar especialmente el método que he descrito, sino lo necesario es que no se infravalore este problema.

¿CUÁNDO SE ALEGRA UN JOROBADO?

A veces, las personas adineradas con tendencia depresiva tratan de cubrir el mal ánimo con la alegría que les proporciona el lujo y el gusto de tener algo que el otro no tiene. Esto funciona, pero solamente durante un lapso de tiempo reducido. Después de tener un Ferrari o un Rolls Royce, un nuevo yate o un elegante avión todo empieza a ser rutina y hay que buscar cada vez más satisfacciones. Es como estar condenado a un tráfago para repartir agua en los campos. Uno tiene que pedalear y si hace una pausa empieza a subir el nivel del agua. Lo que la persona necesita en el fondo es, entre otras cosas, cariño, amor y respeto como persona, no como propietaria de un Rolls Royce o de un yate último modelo que otros no tienen.

Los lujos dan más o menos la misma satisfacción que tiene el jorobado de la adivinanza judía: ¿Cuándo se alegra un jorobado? ¡Cuándo ve a uno con una joroba mayor!

Un ejemplo del incesante pedaleo estático de lujo era el excéntrico multimillonario Mooshammer, que tenía la costumbre de pasear en su Rolls Royce por los barrios pobres, ayudando a los más necesitados. Al mismo tiempo buscaba jóvenes para satisfacer sus deseos sexuales. Según la investigación policíaca, el multimillonario tuvo la mala suerte de ser asesinado por uno de estos chicos pobres que exigía más dinero por sus servicios del que Mooshammer estaba dispuesto a pagar. Así pues, su muerte paró el pedaleo.

La cooperación de nuestra Zona Libre, con un permiso de gozar la vida, con los conocimientos humanos acumulados y del deseo natural de ayudar sin sacrificarse, en la mayoría de los casos desemboca en una solución mejor que la del pedaleo estático. Para introducir la energía con el fin de tener más contactos sinceros y equitativos, para llegar a una redecisión que aumente la calidad de vida, en nuestra Zona Libre hay que ponderar las ventajas transitorias contra las desventajas a largo plazo y los placeres breves contra el bienestar a largo plazo. Y aquí otra vez necesitamos decisiones inteligentes que estén de acuerdo con nuestras sentimientos y nuestro bienestar físico.

EL IMPULSO VITAL DESPUÉS DE UN DESASTRE

Es interesante observar que después de un desastre como la pérdida de una persona querida, del hogar, de la patria, a menudo desaparecen los estados depresivos, cosa que resulta sorprendente. Esto puede ser debido a que aquello que se ha perdido (sea un ser querido o un bien material o inmaterial), no sólo suponía una fuente de riqueza sino que también representaba una carga, una obligación o un efecto limitante latente, no percibido plenamente de modo consciente.

Pues incluso una pareja agradable, un negocio próspero en excelente marcha, una posición brillante, tienen cargas escondidas. Es decir, aparte de los placeres secretos también existen lastres secretos. Cuando una persona toma plena conciencia del dolor por la pérdida y se permite aceptar y expresar las emociones hasta entonces reprimidas como la rabia y el miedo y el placer de mayor libertad, en muchos casos empieza una nueva vida con sorprendente energía y muchos períodos de alegría de vivir.

Pobre es el hombre cuyo placer depende de un permiso de otro. (Oscar Wilde)

Nada encanta más al campesino piadoso que la muerte del cochino del rico vecino. (Proverbio checo)

La pena de uno es la alegría del otro. (Proverbio alemán)

Los placeres secretos

Las ventajas en lo negativo

Un aspecto que considero importante en el caso de problemas, de malestar y de enfermedades puede ser el "placer secreto". Primero, quisiera presentar la diferencia entre un punto de vista filosófico del Cercano Oriente y el del Lejano Oriente. Aquí están los dos gráficos:

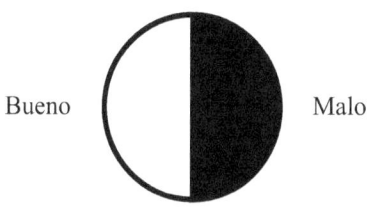

Muchas enfermedades y problemas tienen un componente psicosomático y, en estos casos, aplico la concepción del Lejano Oriente. La estricta separación entre bueno y malo que encontramos en las religiones del cercano oriente (judaísmo, cristianismo, Islam) influye nuestro pensamiento sin que nos demos cuenta. El resultado es que muchas veces no vemos las causas de muchas dificultades.

Aplicando el punto de vista del Oriente Lejano en el tratamiento de enfermedades, busco el elemento positivo en la región en la que predomina lo malo, el punto blanco en el campo negro, la ventaja en lo negativo. Este elemento positivo puede ser un *placer secreto*, una alegría secreta o una ventaja que se obtiene o *se espera obtener* mediante la enfermedad. También se puede tomar este punto de vista en casos de tendencias a tener accidentes, de estados depresivos, de problemas de pareja, de trabajo, etcétera.

En este contexto, es interesante el placer que ciertos terroristas esperan obtener mediante sus actos asesinos y destructivos: Para islámicos la permanencia en un paraíso imaginado parece importante, mimados por bellas vírgenes, para otros el ser admirado como héroes.

LA ESTIMULACIÓN INCONSCIENTE

¿Por qué activamos emociones desagradables tan a menudo aunque no parezcan necesarios en la situación en la cual estamos? Tomemos como ejemplo el miedo. Comparado con nuestros antepasados que tenían que defenderse contra tigres y cocodrilos, que estaban a merced de las inclemencias atmosféricas, nuestra vida parece casi paradisíaca. Quizá nuestro archivo genético está programado para cierto nivel de miedo, haya razón actualmente para ello o no.

También existe la posibilidad de una tendencia de sentir innecesariamente miedo y otras emociones desagradables a causa de una experiencia peligrosa en la niñez. Tomamos el ejemplo del nacimiento. Al nacer, parece que un inmenso estrés está entrelazado con emociones muy placenteras. Al principio, el útero está aún cerrado pero las contracciones del parto ya empiezan. A causa de la contracción de la musculatura del útero, la corriente de sangre se reduce. Para el feto esto significa falta de oxígeno y nutrición, estrechez y angustia.

Dolores combinados con el desamparo se entrelazan con el miedo. En el caso de que los dolores sean demasiado grandes, una regulación de emergencia puede entrar en acción: en vez de dolores entra una fuerte sensación de placer. Existen informaciones de torturados y de heridos graves que confirman este hecho. La consecuencia es que este "placer de emergencia" también forme parte de una programación "miedo-dolores-estrechez-placer".

La consecuencia puede ser que el placer no entre a la conciencia, pero sin que se dé cuenta estimula a la persona a buscar situaciones de "miedo-dolores-estrechez", sin que esta persona se explique su impulso nocivo para tal combinación. Y quizá busca mil explicaciones "razonables" para explicar por qué una situación se haya desarrollado así.

En una fase de nacimiento posterior, el útero se abre, el niño está liberado y "ve la luz al final del túnel". El dolor se acentúa al pasar por el canal de parto, el miedo quizá también. En esta fase una parte de los bebés sienten placer que contiene también una estimulación sexual. ¡Hay niños que nacen con una erección! En tal caso, es comprensible que se forme un capa compuesta de placer con dolor y luz y sombra, con movimientos de figuras en batas blancas, con presión en la cabeza y en el cuerpo y consiguiente liberación, con el olor de guantes de goma, medicamentos y desinfectantes, de sangre, orina y heces.

Una vez en el exterior, el bebé puede moverse libremente, probablemente una emoción muy especial que puede ser sentida como peligrosa. En vista de que ya no hay restricción, puede ser que el bebé ya no se sienta, que tenga la impresión de estar perdido en la nada, la impresión de que ya no existe. Sólo después de sentir impresiones más tenues, como la sensación del peso del propio cuerpo, podrá llegar a una impresión de "renacimiento".

Lo que estoy escribiendo aquí por cierto es especulativo, pero no completamente. Tanto experiencias propias así como informaciones por parte de mis pacientes y de experiencias durante terapias bajo el efecto de la droga DAL (dimetilamina del ácido lisérgico), apoyan este punto de vista.

A causa del drama del nacimiento el bebé puede llegar a la siguiente conclusión inconsciente: "Antes de que me pueda ir bien, tiene que haber una situación insoportable. Antes de que yo pueda vivir realmente bien, tengo que morir". Pues la vida sólo era posible a base de dolores y miedos: una buena razón para buscar experiencias peligrosas y dolorosas, si no se sabe como variar este entrelazamiento.

Si no tenemos bastantes estímulos de miedo (inconscientemente entrelazado con placer) desde fuera, los fantaseamos nosotros mismos o escuchamos a profetas que nos amenazan con el cercano fin del mundo, con caos, ocaso de los dioses y condena eterna. En este caso, es interesante el punto de vista de los Testigos de Jehová que esperan que solamente 144.000 Testigos sobrevivan en una gloria sin fin mientras que los otros tienen que prescindir de la presencia de Dios. En caso de que haya más de 144.000 Testigos de Jehová, el asunto se complica.

Otras personas se contentan con cuentos de fantasmas, historias de aventuras y guerras, películas policíacas, chismes nefastos o titulares catastróficos de periódicos... o de manejar su coche de modo irresponsable.

Si los miedos "teóricos" no bastan, podemos trepar y rapelar (descolgarse por la cuerda), practicar paracaidismo, o irnos a la montaña rusa. Esto da placer y miedo de modo más consciente y tiene la ventaja de dar a conocer mejor el propio cuerpo. Y es menos peligroso que correr excesivamente en coche que pone en peligro no sólo a uno mismo sino también amenaza la salud y la vida de otras personas.

PLACER DISIMULADO Y "PLACER SECRETO"

Había un chino a quien le nació un niño sano. Como él "sabía" que los dioses son envidiosos, salió corriendo de su choza, tirándose de los cabellos y gritando: "¡Oh, qué miseria, otra vez una hija!" y cada vez que gritaba esto con timbre de desesperación, él se alegraba... pero sin mostrarlo. En efecto, cada vez que gritaba desesperadamente lo hacía intencionalmente y con plena conciencia, así evitando el estrés que de otro modo hubiera acompañado su "desesperación".

Esto es un ejemplo de un placer disimulado contra otros, en este caso contra los dioses, que al chino representaron una realidad. Para él, tener un hijo significaba que éste se quedaría en la finca y trabajaría la tierra con sus padres cuando sus fuerzas hubieran disminuido, mientras que una hija siendo adulta, se casaría y se iría a vivir fuera, dejando a sus viejos padres desamparados.

El Placer Secreto referido a continuación es diferente: la persona misma está encubriendo *contra sí misma* este placer; no es consciente de él, sino sólo de lo negativo con lo que el placer está entrelazado. Pero, para experimentar inconscientemente el placer repite una y otra vez lo que únicamente parece negativo.

Durante mi trabajo he encontrado las siguientes clases de Placer Secreto entrelazado con emociones desagradables:

1. Placer suprimido por miedo y escrúpulos
2. Placer suprimido por adaptación sumisa
3. Placer anticipado con sentimientos dispares

4. Satisfacción placentera por solidaridad familiar
5. Placer cubierto por estrés que siguió a la experiencia placentera
6. Placer cubierto por estrés sufrido directamente antes del placer
7. El placer entrelazado con estrés simultáneo
8. Placer retroactivo entrelazado con una experiencia desagradable

1. Placer suprimido por miedo y escrúpulos

Este caso puede ser el entrelazamiento siguiente: A base de normas exageradas impuestas por los padres, profesores, curas, alguien suprime gozar ciertos placeres o apetencias. Puede ser que esta persona no se permita emociones de placeres eróticos o el gusto de poseer algo que ha adquirido de forma ilegal (¡pero continúa guardándolo! lo que indica que el placer secreto dirige la conducta).

Alguien puede experimentar inconscientemente sensaciones placenteras cuando está examinando publicaciones pornográficas con el fin de "vigilar la moral de la gente". Su indignación contiene una chispa de placer que puede participar con otros, hablando de la corrupción reinante, suspirando de modo deprimido y, sin darse cuenta, gozando de su "repugnante trabajo".

La alegría del mal ajeno no es un placer secreto, si es experimentado de modo consciente. Pero hay personas que son exigentes en cuanto a su moralidad y no se permiten esta alegría, este placer. Entonces, puede llegar a ser un placer secreto. Conocí un empresario que tenía mucho éxito pero lo consiguió con medios algo despiadados. Tanto un compañero mío como yo sufríamos pérdidas por esta razón. Cuando este empresario iba a la quiebra, mi compañero me dijo con voz triste que este pobre hombre no sólo había perdido su empresa sino también su fortuna personal. Yo estaba asombrado de su tristeza hasta que me di cuenta de que con cada frase llena de compasión para el empresario, mi compañero inconscientemente disfrutaba un poco de la desgracia del empresario desconsiderado, cada vez que deploraba la desgracia de éste.

Marcel Proust llevaba el placer secreto de la lectura del periódico matutino a la luz de la conciencia. Él describió el gusto de leer de males ajenos como batallas con cincuenta mil muertos, de crímenes, huelgas, quiebras, incendios, envenenamientos, divorcios, emociones crueles de políticos y artistas, gozando todo esto con un trago de café con leche. Y cuando informamos a los que aún no hayan leído de todos estos desastres, nos sentimos relacionados de modo alegre con la vida.

2. *Placer suprimido por adaptación sumisa*

Si me da gusto cortar el césped, el cortar no es una carga sino un placer. Si yo vivo con alguien para quien el placer es algo vulgar pero esfuerzos y sacrificios son muy valorados (y permiten frenar por lo menos momentáneamente el casi incesante regañar de los padres o de la pareja), necesito sacrificios. El cortar el césped entonces no lo presentaré como placer. Al contrario, cuanto más agotado esté, más haya sufrido, mejor estará mi situación dentro del sistema. Por lo tanto no muestro mi satisfacción, o, en una capa más profunda, ni siquiera la percibo yo mismo. En tal caso sólo recuerdo cuán pesado era el trabajo; incluso cada gota de sudor, que por lo general es un beneficio para el cuerpo, se presenta como una agravación casi insoportable. Esta carga la recuerdo una y otra vez, incluso la comunico varias veces a otras personas.

Naturalmente, tal conducta sólo tiene sentido si no descubro mis propias intenciones profundas y si no soy consciente de otras alternativas (por ejemplo, oponiendo claramente resistencia contra las personas en cuestión o separándome de ellas). En el caso de que tome conciencia, puedo reducir o eliminar la emoción postiza y el sufrimiento superfluo. Esto sería una buena medida higiénica, pues los placeres secretos causan estrés si están entrelazados con emociones negativas, y el estrés de larga duración causa una debilitación de nuestro sistema auto-curativo.

En nuestra cultura, mucha gente no se permite sentir conscientemente la satisfacción de la sed de venganza, la alegría del mal ajeno, el placer de sentirse superior a otros a causa de su raza, su familia, su religión, etcétera. Pero todas estas emociones son humanas y son vividas en formas encubiertas. Una vez llevados a la claridad de nuestra comprensión, todas estas "satisfacciones" pierden importancia, pero no la pierden si no tomamos responsabilidad para ellas.

En el caso de que nuestras normas coincidan con nuestro pensamiento adulto, el análisis del entrelazamiento puede ser difícil. Un ejemplo: La norma dice "no debes robar", y la razón dice: "Robar es una manera arriesgada para obtener cosas, y vivir en una sociedad que renuncia al robo es más agradable".

En la mayoría de emociones persistentes de indignación, de culpabilidad, vergüenza, o asco se puede encontrar con relativa facilidad la parte del Placer Secreto.

3. Placer anticipado con sentimientos dispares

Interesante es el placer anticipado del suicida que describió el autor Johannes Mario Simmel en la historieta *¡Después llorareis!* Cuando él tenía la impresión de haber sufrido agravio se decía: "Ahora quisiera enfermarme. Quizá moriré. Quisiera morir lentamente y 'después' veré cómo están al lado de mi cama: mi madre, mi padre, mi hermana, el jardinero, el cartero y Ferdl (o quien me había causado el agravio). ¡Entonces estarán tristes! ¡Entonces llorarán! ¡Y cómo llorarán –pero a mi me dará lo mismo. Me quedaré muerto!" Ahora bien, la "dulce venganza" no es aceptable para adultos y, por lo tanto, no debe de ser saboreada abiertamente. Y, lo que es más importante: un muerto no puede gozar. En tal caso, el placer anticipado es el único placer que por añadidura tiene muchas más desventajas que placer.

Un ejemplo que me relataba una terapeuta alternativa: Ella tenía una paciente con cáncer y el tratamiento era exitoso. Entonces, la enferma le dijo que quería terminar el tratamiento. La terapeuta preguntó los motivos en vista de la palpable mejoría. La enferma, sobresaltando la barrera de lo normalmente inconsciente, contestó: "¡Quiero el mayor castigo para mi marido!" El placer de ver sufrir a una persona detestada la hacía insensible a su propio sufrimiento.

4. Satisfacción placentera por solidaridad

Relato aquí una semiconsciente satisfacción anticipada mía, la satisfacción anticipada pero no realizada de tener una herida de guerra grave.

Mi hermano mayor fue severamente herido en la guerra entre Alemania y la Unión Soviética en 1942. Entre otros, tenía 18 cascos de granada en su dorso y perdió una pierna. Cuando yo tenía 16 años él fue trasladado a nuestra ciudad para un mejor tratamiento médico. Pero los servicios estaban sobrecargados y los cirujanos no encontraron un casco de granada en su muñón de la pierna que le causaba mucho dolor. Mi hermano me rogó buscarlo.

Yo no tenía ninguna experiencia médica y no teníamos analgésicos. Estaba bregando en la carne, la sangre y el pus con unas pinzas y después de sufrir con mi hermano por causarle dolores y bastante esfuerzo mío encontré el casco, liberando a mi hermano de los dolores que había causado esta pieza. Por un lado, sentía satisfacción y orgullo del éxito, una satisfacción por solidaridad familiar, a pesar de mi aversión contra el mal olor y el trabajo nauseabundo. Por el otro lado, *no me sentía bien* pues yo estaba sano y salvo mientras que él tenía que sufrir y quedaba mutilado para toda su vida. A continuación, olvidé mi orgullo y mi satisfacción, recordando sólo el estrés y las emociones pesadas. Cuando tiempo después fui llamado al servicio militar, tenía la ilusión de poder ser mutilado también, quizá perdiendo un brazo, en cierto modo *para estar a la par* con mi hermano mayor. Con cierto esfuerzo suprimía estas fantasías que me parecían enfermas. Sin embargo, todo este complejo me acompañaba hasta que el brillante psiquiatra Dan Casriel, en un seminario de formación, citaba una situación similar de su propia experiencia. Y el último eslabón de esta cadena la descubrí escribiendo estas líneas: esta vez recordé y sentí claramente mi orgullo de haber hecho con éxito la "operación" en cuestión. Al mismo tiempo, estaba llorando lo que tanto tiempo había suprimido sin darme cuenta.

Y quizá el orgullo secreto de mi "operación" lograda constituyó un importante eslabón del mosaico que me guió muchos años más tarde a escoger una profesión terapéutica.

Otro ejemplo muy común de entrelazamientos familiares: Muchos hombres buscan inconscientemente una mujer que, en determinados rasgos, se parece a la madre; por ejemplo, una mujer que se queja y nunca está contenta porque su madre era así. De este modo pagan caro el placer de poder estar simbólicamente "cerca de su madre". Desde luego, a las mujeres les ocurre lo mismo.

5. *Placer cubierto por estrés que siguió a la experiencia placentera*

Imagínese la escena siguiente: niños alborotados jugando llenos de alegría de vivir. El padre borracho entra y castiga a los niños de modo despiadado. En tal caso, parece que el dolor del niño haya borrado el placer anterior. Pero no ha sido borrado, sino sólo desplazado a una capa más profunda. Cada vez que esta persona recuerda el dolor y la decepción, el placer subliminal también está activado. No es raro que tal persona tenga el impulso de buscar el dolor. Una prueba científica de este fenómeno nos la ofrece la observación del cerebro en acción mediante tomografía electrónica.

Había casos en los cuales dolores recurrentes (por ejemplo, diagnosticados como artritis) cesaron completamente después de que la persona en cuestión pudiera recordar lo ocurrido en la niñez y sentir tanto el dolor como el placer. Esta clase de recuerdos no son almacenados en palabras, sino que la persona siente el dolor físicamente, como si fuera producido en el momento. Lo llamo "recuerdo directo". Se puede describir como una "analogización" que tiene otra calidad que un recuerdo "digitalizado" que parece existir sólo en palabras o símbolos. Algunas veces pasa que las personas después de su recuerdo directo tienen dolores de artritis más fuertes que de costumbre... que desaparecen completamente después de pocos días.

6. Placer cubierto por estrés sufrido directamente antes del placer

Una niña que no se sentía aceptada por su padre —él quería un hijo— sufrió una herida grave en su vagina al caer en la punta de una estaca de hierro. El padre, que en otras situaciones no era muy solícito, vio la herida, tomó a la niña muy cuidadosamente en sus brazos y la llevó a la clínica que estaba cerca.

Cuando la mujer de más de cuarenta años repetía esta escena en la terapia, ella dijo: "¡En este momento sentí que él me aceptaba como niña!" Ella sonreía felizmente y las lágrimas corrían al mismo tiempo. Y ella decía que experimentaba el dolor físico otra vez con toda su fuerza.

7. El placer entrelazado con estrés simultáneo

Es evidente que, en muchísimos casos, un entrelazamiento está formado por la ocurrencia simultánea de estrés, de dolor, de miedo, etc., con un placer.

Esto ocurre no pocas veces en caso de experiencias eróticas, por ejemplo en casos de combinación de dolor con voluptuosidad (masoquismo). En tal caso, el placer no es cubierto sino consciente. Pero, en muchos otros casos, el dolor, el estrés, el miedo es tan fuerte que la parte placentera no está percibida conscientemente.

8. Placer retroactivo entrelazado con una experiencia desagradable

Cuando procuramos un placer a otra persona, nos sentimos bien. Esto lo llamo "placer retroactivo". Probablemente es el motor que incita a mucha gente a hacer regalos.

Un placer retroactivo interesante fue mostrado en una encuesta de la revista PLAYBOY en enero 1983, en la cual se evaluaron las respuestas de 65.396 hombres. El mayor grupo de hombres (36%, o sea más de 23.000 hombres) dijo que el momento más agradable durante el coito era "cuando la pareja tenía un orgasmo".

A pesar del deseo de estos hombres que vocearon esto, muchos no lograron su placer retroactivo o sólo lo lograron con esfuerzos especiales. La razón es que una rápida eyaculación tiene una ventaja genética, pues en las tribus en las cuales los jefes tenían prioridad de fertilizar las hembras, los hombres de rango inferior tenían más probabilidad de procreación cuando el acto furtivo podía cumplirse muy rápido. De este modo, los "rápidos" tenían más niños que los "lentos" que fueron interrumpidos más fácilmente por los jefes. Los niños de los rápidos heredaron la precipitación sexual de sus procreadores con la ventaja de más procreación y la desventaja de tener menos placeres retroactivos.

Si un placer retroactivo es secreto y entrelazado con emociones negativas, una persona experimenta repetidamente el lado negativo. Es como una molesta rueda de molino que da vueltas en la cabeza y hasta en el corazón. Sin embargo, la alegría subliminal estimula un centro de placer.

Un ejemplo: si procuro placer a mi compañero de tenis dejándole ganar… yo tengo que perder. Si lo hago fuera de mi conciencia, el placer retroactivo parece no existir y vuelvo a enfadarme conmigo mismo porque he jugado de modo tan torpe. Pero, dándome cuenta de esta torpeza, el enfado aparece con cada vuelta de la rueda del molino en mi cabeza, tengo que reconocer que algo tiene que propulsar la rueda de molino. Y el impulsor es el placer secreto.

DESVENTAJAS DE TALES ENTRELAZAMIENTOS

Las desventajas del entrelazamiento de un placer secreto con sentimientos negativos como miedo, culpabilidad, odio, rabia, etcétera, son:

1. Para experimentar inconscientemente el placer se tienen que activar muchas veces los sentimientos y las respectivas reacciones físicas negativas.

2. La una y otra vez repetida activación de sentimientos negativos causa estrés y el estrés de larga duración o de repetición frecuente debilita el sistema auto-curativo, especialmente el sistema inmunitario.

3. Por la debilitación del sistema inmunitario las infecciones pueden florecer, de otro modo no tendrían oportunidad. Parece que también el crecimiento de cánceres en muchos casos quedaría parado por el sistema inmunitario si éste trabajase a plena popa. También las alergias, que son la consecuencia de un descarrilamiento del sistema inmunitario, pueden tener una causa psicosomática.

La necesidad de goce y deleite

Los seres vivientes desarrollados disponen de centros de placer y deleite que pueden ser activados intensivamente por risas, canciones, música, deportes, impresiones sensuales y, especialmente, por cariño y sexualidad.

La gran importancia de la estimulación de los centros de placer pudo ser demostrada con simios enfermos a causa del estrés excesivo. Erwin Lausch describe cómo estos animales recobraron la salud, al cabo de minutos, cuando un centro del placer fue estimulado de modo intensivo.

Nosotros somos humanos, no somos simios. Pero es un hecho que aguantamos mejor el estrés si experimentamos placer muchas veces y profundamente (¡atención, tengan en cuenta su límite de capacidad, los esfuerzos son los enemigos del placer!). Si nuestra vida sexual y de caricias sólo está entrelazada muy ligeramente con estrés, tenemos el mayor efecto positivo, la mayor calidad de vida en este campo tan importante. Por otro lado, si nuestro deleite está combinado con un exceso de estrés, miedos intensivos y conflictos internos ocultos, las ventajas del placer son reducidos. Y, claro, si el estrés es mayor que el placer, estamos en camino de enfermarnos.

Un método para reducir el estrés en nuestro archivo de experiencias es la investigación de si nuestro placer es compatible con nuestra idea de pareja de igual clase. Cuando esto es difícil, probablemente una terapia vale la pena. En caso de que un programa de experiencias sea aceptable en el sentido de una pareja de igual clase, es indicado hablar sobre todo con la pareja. Y, aparte de hablar, probar variaciones, expresando las emociones acompañantes tanto de modo verbal como no-verbal. También el escribir puede facilitar la comunicación sobre temas de los cuales no se puede hablar.

También es necesario aceptar el propio cuerpo y las propias ansias. Si no tengo respeto de mí mismo, ¿cómo podré respetar una pareja que se deleite conmigo?

El dolor de cabeza es el anticonceptivo de mayor uso.
(Dicho popular)

*La incapacidad de llegar al orgasmo
en realidad es una capacidad.
Si es necesario participar,
entonces por lo menos sin participación interior.
(Hermann Wendt)*

*El gazmoño es un libertino que tiene miedo
de su alma desnuda. (A. S. Neill)*

Sexualidad y estrés

CARICIAS

Las caricias y la sexualidad nos ayudan a soportar mejor el estrés pero, por otro lado, la sexualidad causa estrés cuando existe un conflicto en este campo. ¿Y quién no tiene ningún conflicto en este campo?

Aparte de peligros reales como infecciones y el miedo de un embarazo inoportuno, por lo general existen miedos irracionales relacionados con la sexualidad porque lo clasificamos inconscientemente como algo malo, algo prohibido. Después de una experiencia sabrosa podemos tener emociones de vergüenza o de culpabilidad: una rica fuente de estrés.

Otra fuente de estrés muy común es la eyaculación precoz del hombre. Tal reacción constituye una ventaja genética, ya que en un grupo los jóvenes que podían eyacular más rápido podían fertilizar furtivamente más hembras. En consecuencia, nacen más machos que eyaculan deprisa. Esta "capacidad" que se propaga automáticamente puede presentar un problema no sólo para la mujer sino para ambos. No es raro que la mujer considere esta ventaja genética no como tal sino como una típica falta de consideración del hombre o de los hombres. El descontento de la mujer, más tarde o más temprano, causa dificultades para el hombre que tiene que luchar contra las pequeñas (o no tan pequeñas) venganzas camufladas de la mujer, como por ejemplo reproches por vestirse mal, por comportarse por debajo de su nivel, etc. Cada mejora del hombre en tal enredo no será acudida con satisfacción, sino aumentando las exigencias de ella.

Como estas luchas no se desarrollan a la luz de la conciencia, existe aquí la posibilidad de una escalada ilimitada. Los hombres pueden retrasar intencionalmente su orgasmo, con el fin de satisfacer a la mujer. Si ella usa su frialdad como arma en la lucha matrimonial, ella a su vez retrasa su respuesta erótica y suprime de modo semiconsciente su placer sensual. La razón puede ser una situación que ella no puede, o cree no poder, cambiar por razones familiares, económicas, etc. La consecuencia es que la distancia emocional y física se hace mayor, según el lema: "¡Has tenido mi cuerpo, pero no alcanzas mi alma!" Por tal razón Hermann Wendt, en la cita del principio de este capítulo, considera la supresión del orgasmo no como una incapacidad sino como una capacidad para frustrar los esfuerzos del hombre. El resultado es una vida llena de frustraciones y falta de placer. La consecuencia son pérdidas financieras, enfermedades, noches tristes y días grises.

Dos científicos americanos escribieron que la eyaculación precoz ocurre sobre todo en casos de hombres jóvenes en situaciones de tensión que causa miedo. Y este miedo lleva a un círculo vicioso casi idéntico.

En vista de una educación religiosa mal entendida, cualquier acercamiento sexual causa una tensión de miedo adicional (¡pecado mortal!) que lleva a una eyaculación rápida del hombre. Las mujeres, con una educación similar, a su vez retrasan su respuesta erótica por el mismo miedo y suprimen inconscientemente el placer sensual. La consecuencia es que la distancia emocional y física se hace mayor. Al fin y al cabo, esto hasta cierto punto coincide con la moral religiosa:

tener relaciones sexuales únicamente con el fin de conseguir la procreación, ya que las mujeres pueden quedarse embarazadas sin tener un orgasmo.

Una mujer lo describió así: "Después de tener una relación sexual con mi marido, en la cual yo me enfadé porque otra vez había pasado lo mismo –él había eyaculado antes de que yo tuviera un orgasmo y por lo tanto la relación había terminado–, le dije: "Siempre lo mismo, pero encima esta vez me he quedado embarazada". En aquel momento sentí que me había quedado encinta y sentía rabia de haberme quedado embarazada sin haber gozado en la relación, pero por otro lado sentí una inmensa alegría por el hecho de quedarme preñada y poder ser madre. Yo quería ser madre de una niña". En este caso la "rabia" y la "inmensa alegría" estaban en la conciencia, pero las consecuencias posteriores del entrelazamiento de estas dos emociones solamente se descubrieron años después.

Durante estos años probablemente se llevaron a cabo muchas variaciones de "juegos destructivos" cuya base es el movimiento dentro del "Triángulo Dramático" presentado por el psicólogo americano Stephen Karpman. Este modelo es útil para comprender mejor situaciones de estrés, sea entrelazado con sexualidad, sea con problemas profesionales, de salud, etc. En este triángulo hay tres posiciones siguientes:

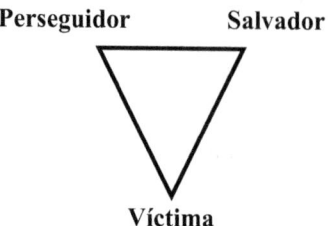

En todas estas tres posiciones la persona inconscientemente está pasiva referente a sus propias necesidades, e inconscientemente está manipulando.

EL PERSEGUIDOR está indignado, hace reproches o es violento sin analizar a fondo los hechos. Se siente responsable y trata de pasar la responsabilidad a otras personas. Aumenta el estrés y trata de reforzar su posición de poder en vez de resolver los problemas. Tiene la fantasía de que la gente funciona mejor cuando se la impulsa de modo negativo todo el tiempo.

EL SALVADOR hace más de lo que le han pedido, hace más de lo que le conviene. Tiene el impulso de hacer más para otros de lo que puede y de tomar responsabilidades que no le corresponden, incluso responsabilidad para situaciones en que él no puede influir: ¡un trabajo ingrato! El Salvador empieza a ser activo sin que se lo hayan pedido, o sin haber convenido algo en claro, y lo hace aunque la persona a salvar (la Víctima) hubiese podido hacerlo quizá mejor ella misma. El Salvador obtiene su "fuerza" de la debilidad real o imaginada de otra persona. Por lo tanto, sin darse cuenta, no tiene interés en que esta persona llegue a ser independiente. El Salvador tiene la ilusión de que con cada favor que hace a otra persona, ésta aumenta el saldo de crédito a su favor. No comprende que la mayoría de las personas sólo se acostumbran a esperar (y a exigir) más y más.

LA VÍCTIMA hace menos de lo que podría hacer. No toma responsabilidad en sus acciones y de sus omisiones, no toma la responsabilidad de lo prometido por ella, sea directa o sea indirectamente. La Víctima no dice claramente lo que desea, lo que necesita. Vive en la esperanza poco realista de que un día alguien vendrá y cumplirá todos sus deseos, sin que éstos deban de ser expresados, sin que la Víctima tenga que hacer algo a cambio. Si no tiene éxito con esta conducta, tiene la tendencia de cambiar la posición a la de perseguidora o, en casos, de salvadora.

El Perseguidor y el Salvador al principio se sienten fuertes, pero, si no interrumpen el juego, al final llegan a la posición de la Víctima. Los caminos inclinados lo insinúan. Y un último recurso inconsciente puede ser: estar y mantenerse enfermo.

Para salir del triángulo es indicado hacer un análisis consciente y tomar la responsabilidad de la propia participación en el vagar por el triángulo dramático. Pero no hay que olvidar, que los juegos dolorosos entre las tres posiciones también tienen un lado positivo: ¡Hay contacto! por esto estas fricciones se llaman también caricias, pero caricias negativas. Y estas en muchos casos son mejores que ningún contacto, a absolutamente ser ignorado.

¿RENUNCIAR A ACTIVIDADES SEXUALES?

En caso de que renunciemos completamente a actividades sexuales, sea con otros, sea solitario, nuestra naturaleza nos causa otra forma de estrés. Si inconscientemente reprimimos nuestra sexualidad, evitamos conductas que puedan acercarnos a actividades sexuales. Así, caricias amistosas y hasta señales de simple simpatía pueden ser evitadas automáticamente. Las personas de nuestro entorno, entonces, no reciben de nuestra parte suficiente contacto cordial. Como consecuencia, nosotros también recibimos menos de ellos. El resultado es un déficit de caricias. Ya un amistoso "hola" representa una pequeña caricia, en este caso verbal y, por ejemplo, acompañado de modo no-verbal con una sonrisa amistosa, un pequeño contacto en el hombro, etc.

Un déficit de caricias reduce nuestra valentía, nuestra creatividad y nuestra alegría de vivir. Cuando el déficit es demasiado grande, puede ser que provoquemos inconscientemente "caricias negativas", o sea, reproches, disputas y hasta reyertas. Este mecanismo, por lo general, no llega a la conciencia de quien provoca ni del que se deja provocar. Como ya dicho, las caricias negativas tienen una ventaja, **son mejores que la falta completa de contactos.**

Informaciones falsas pueden contribuir a conflictos, como: "La sexualidad en la naturaleza sólo está al servicio de la reproducción", y pueden causar conflictos internos. Incluso si lo observamos sólo superficialmente, descubrimos que, en este campo, mucho no corresponde a la realidad. Si no lo descubrimos, incluso muchos placeres nos causarán estrés.

¿Qué es natural?

La naturaleza es el mundo sin la intervención humana, la "naturaleza virgen". ¿Cómo es la sexualidad en este mundo? El conocedor del alma humana no se asombra que personas que profesan una gran importancia de una conducta natural en general tienen muy poca información sobre lo que pasa realmente en este campo. Muchas veces estas personas sencillamente clasifican como contranatural o perverso lo que les causa miedo.

Si nos identificamos con lo profesado por estas personas, dentro de poco llegaremos a la siguiente conclusión: en la naturaleza muchas cosas pasan de modo contranatural. Aquí unos ejemplos:

La hembra de varias especies de *Mantis religiosa* puede ser fertilizada mejor si ésta se come la cabeza del macho durante el coito. Puede salir más esperma, cuando la cabeza del macho ha sido cortada, pues en la cabeza de estas mantis existe un freno para la eyaculación [3]. Afortunadamente, la hembra humana hace perder la cabeza al macho de forma más agradable.

El macho de especies de garrapata se fertiliza la hembra mediante sexualidad oral.

La vida sexual de las arañas [4] ofrece muchas variaciones que uno fácilmente no hubiese creído capaz en caso de animales tan pequeños. La hembra de *Psiaura mirabilis* es seducida por el macho mediante un regalo de una mosca debidamente envuelto en telaraña. En el momento en que la hembra empieza a chupar el regalo, el macho deposita sus órganos llenos de semen en los orificios respectivos de la hembra. Pero no todos los galanes son honrados. Algunas veces, un pretendiente trae una mosca ya chupada, comparable al regalo de una bombonera vacía. Otros machos son muy avaros: inmediatamente después de depositar su semen quitan la parte no consumida de la mosca.

Los machos de la araña *Tibellus oblungus* y algunos otros atan a las hembras con telaraña antes de iniciar el coito. Es interesante que las fibras no son bastante sólidas para poder atar una hembra que realmente se defiende contra esta práctica. El atar parece ser un ritual, una parte importante del preludio.

Una hembra de babuinos [5] que ha llegado a la pubertad tiene que empezar su vida sexual con el macho del rango más bajo del grupo y copular hacia arriba con todos los machos del grupo. El último es el jefe, y sólo de él puede ser fertilizada. No sé cómo hace para evitar el embarazo a causa de sus contactos con los machos de rango inferior.

El botánico sueco Carl von Linné [6] estableció una sistemática botánica basada en las características sexuales. Lo llamó un "sistema natural" que se considera válido hasta hoy. Parece que en este contexto él sobrevaloraba los órganos masculinos. Pero no era esto el que despertaba la enemistad de sus críticos. El sacerdote de Carlisle, que más tarde llegó a ser obispo, se escandalizó con la idea de que las plantas "puras" tengan características sexuales, lo cual constató en una carta pastoral: "Nada puede ser comparado con la depravación inmensa del alma de Linné". ¿Qué escándalo hubiera publicado el obispo en cuestión si hubiera sabido que en septiembre de 2003 la diócesis de Boston (EE. UU.) haría el arreglo de pagar 85 millones de dólares como reparación para quinientos cincuenta y dos (552) casos de abuso sexual de menores cometidos por sus sacerdotes? ¿O el caso del Arzobispado de Dublín en Irlanda, quien publicó que 102 sacerdotes habían abusado sexualmente de 350 niños? En marzo de 2006, Gobierno e Iglesia estimaron que había once mil abusos sexuales de niños por parte de personal eclesiástico.

El olor : un estímulo importante

Mucha gente se asombraría si les preguntáramos si les gusta oler los órganos sexuales, sin advertir que las flores son los emperejilados órganos sexuales de las plantas [7].

Anthony Huxley describe cuáles son los métodos que utilizan las plantas para fomentar la fertilización en el ejemplo de la familia de orquídeas *Ophris*: "Aquí realmente tenemos plantas que pudiesen ser llamadas prostitutas. La flor está formada de modo que los machos de escarabajo son atraídos. Muchas veces tienen una mancha que refleja la luz para dar una pista de aterrizaje seguro. Las flores tienen manchas similares a ojos y pétalos que tienen forma de antenas y otras en forma de alas. Pero la mayor atracción para los machos es el olor que es idéntico al olor de las hembras de estos insectos. Este olor es tan fuerte, que los machos incluso tratan de acercarse a las flores que están forradas en papel".

Por lo menos en un caso, los escarabajos masculinos prefieren las orquídeas a las hembras de su especie. Cuando el macho llega a la flor, él encuentra las curvas, las extremidades y el vello correctos, lo que le convence de haber encontrado una hembra real. Ahora empieza a llevar a cabo la fertilización —esto se llama "seudo-copulación"— y la termina con todo detalle y con toda energía. Cuando el escarabajo emprende su vuelo, satisfecho o desengañado (no lo sabemos), lleva consigo polen de la orquídea a la siguiente flor, sin saber que ha sido utilizado. Y si lo sabía, probablemente le dará lo mismo.

En el caso de la orquídea *Crypotostylis leptochila* se ha podido observar que el macho de la avispa *Icneumón* podía llevar a cabo la eyaculación [7]. Esto demuestra que las muñecas de goma vendidas en los Sex Shops no son un invento exclusivamente humano.

Éstas son unas variantes de la sexualidad en la naturaleza virgen que demuestran que hay que ser cuidadoso cuando se usan términos como contranatural, antinatural, perverso, etc. También se observan actividades bisexuales en muchos animales. En el caso de humanos, la exclusiva homosexualidad con odio y asco contra mujeres se puede considerar como una limitación que puede tener su origen en experiencias dolorosas y peligrosas con una persona del otro sexo.

Además, en capas muy profundas hay procesos hormonales que pueden tener una influencia determinante. Hay indicios de que en el caso de falta total de testosterona durante un período temprano del embarazo, el sexo genéticamente programado de un niño puede ser superpuesto de modo tan intensivo que este niño llega al mundo aparentemente como una niña completa.

Esto es posible porque la fijación del sexo no es tan estricta como puede parecer. En el caso de cocodrilos, tortugas y "gallinas de temperatura" el sexo no es determinado por los genes sino por la temperatura durante la incubación. Por ejemplo, en el caso de cocodrilos del norte de Australia salen hembras cuando la temperatura durante la incubación era muy alta o muy baja. Cuando era mediana, los bebés son machos. Las hormigas fijan el sexo de su descendencia distinguiendo entre huevos fertilizados y no fertilizados, y las abejas lo determinan por la alimentación. Una hembra completa, que luego será reina, tiene que ser de un huevo fertilizado y además la larva tiene que ser alimentada con jalea real.

No conozco indicaciones similares en el caso de los humanos pero sería prudente no excluir esta probabilidad. Un tratamiento psicológico en tales casos sólo puede consistir en facilitar la vida y apoyar la autoestima de las personas que tienen conflictos en este campo. No estoy seguro de que un cambio de sexo mediante la cirugía resuelva el problema.

EL SER HUMANO ES FLEXIBLE

Uno no debería asombrarse de que el ser humano, con su capacidad cerebral mucho mayor que otros seres, amplíe también su repertorio sexual. Que aparte de las regiones ya provistas con sensores de placer, como los labios, el pecho, los genitales, y la zona anal, el hombre puede incluir estímulos que inicialmente no tenían relación con la sexualidad.

El entrelazamiento de placer con otras impresiones sensoriales y emociones puede aumentar el placer pero también puede ser peligroso. El problema es que las regiones de placer y de alarma (peligro-miedo) no están en la misma región. Así es posible que una persona sienta:

1. Mucho placer y un poco o nada de miedo
2. Mucho miedo y poco o nada de placer
3. Mucho placer y mucho miedo a la vez

En el segundo caso, en un extremo puede ser que la persona suprima completamente la sensación de placer. Pero "suprimir" es muy diferente de "no tener". Por esto puede ser que esta persona no sienta el placer pero por la atracción inconsciente sienta el impulso de hacer lo que le causa miedo, hasta metiéndose en un peligro grave.

¿Cuándo empieza la programación de los placeres sexuales? El médico americano Dr. Charles L. Pelton piensa que la sexualidad ya existe en el bebé. Él escribe: "Bebés masculinos muchas veces tienen erecciones, por regla general, aproximadamente una vez cada 90 minutos. Se las puede ver cuando los bebés son bañados o cuando los pañales son cambiados. Pero, lógicamente, las hay también cuando no se las ve. Los bebés femeninos, aproximadamente cada 90 minutos, tienen humectaciones vaginales".

Según esto, parece que un ritmo de 90 minutos dirige nuestra vida, incluso cuando dormimos. En vez de señales físicas visibles quizá sólo tenemos un ligero aumento de circulación sanguínea en las zonas genitales. Si no estamos concentrados en otra cosa, en tales momentos pensamos en temas sexuales, tenemos sentimientos de placer... o procedemos al preludio.

¿Quiere decir esto que estamos enfermos cuando no pensamos cada 90 minutos en temas sexuales teniendo los sentimientos correspondientes? Seguramente, no. Por un lado, tenemos la capacidad de concentrarnos en otros asuntos, como trabajo, política, deporte, juegos de naipes, querellas familiares o una ducha fría. Por otro lado, el ritmo vital y sexual cambia con el clima, la comida, la bebida y muchos otros factores que influyen en nuestro estado físico y psíquico. En el caso del miedo, la hormona tiroxina está vertida en nuestra circulación y, a partir de cierto nivel, frena nuestra sexualidad. ¿Y quizá el Dr. Pelton no tenga razón? Él sólo hablaba de *aproximadamente* noventa minutos.

En vista del hecho de que los bebés todavía no pueden hablar, las experiencias están programadas emocionalmente, y no en la memoria de las palabras. Por esto, algunas veces es difícil encontrar las palabras adecuadas. Otras causas son las normas sociales y mandatos de los padres que funcionan más intensamente cuando son no-verbales.

Imaginémonos una madre que lava al bebé, hablando amistosamente. Dice por ejemplo: "Ahora lavamos los bracitos, y ahora la carita, etc.". Al llegar a la zona genital, ella se calla, sólo hablando otra vez cuando lava las piernas y los pies. Ahora bien, el hablar de modo cariñoso señala seguridad, el callar señala tensión o peligro, provocando miedo. Ahora pueden formarse entrelazamientos que, en palabras de un adulto, pueden representar decisiones como por ejemplo:

- Es peligroso hablar sobre lo "de allí abajo"
- Estas sensaciones y emociones son peligrosas

Tales decisiones son adquiridas en forma emocional ya que el bebé aún no dispone de las palabras del adulto. En consecuencia, cuando es adulto él no sabe por qué tiene un freno para hablar claramente de su sexualidad. Y, como no lo sabe y no se siente a gusto, quizá dice: "¡No veo ninguna razón para hablar sobre esta clase de temas!" Cuanto más intenso era el placer y el miedo al lavado, más fuerte será el entrelazamiento, y la persona tiene un fuerte deseo de que le toquen la parte genital, pero sin que se sienta capaz de pensar y decir que le gustaría esto.

La madre al callar transmitía su propio miedo. Posiblemente, también la clase de su tacto era diferente, su respiración había cambiado y otras señales más daban constancia del miedo inconsciente de la mamá.

Para la sexualidad humana el olor tiene mucha importancia porque tiene un impacto directo en los centros de estimulación. En nuestra civilización industrial gastamos bastante dinero para reducir este impacto mediante el uso de desodorantes. Cuando nos damos cuenta de que falta algo, compramos perfumes con sustancias olorosas sexuales de plantas y almizcle de ciervo para activar las llamas demasiado reducidas.

En varios animales los olores sexuales son transmitidos por las heces. Por ejemplo, la pareja de un rinoceronte macho en un zoológico de Alemania había muerto y el pobre animal tenía depresiones. Para investigar si una hembra de un zoológico distante pudiese ser una pareja adecuada, los excrementos de ella fueron mandados al lugar del macho y metidos en su jaula. Él las olfateó y tuvo una erección.

Nosotros los humanos también tenemos restos de esta clase de entrelazamientos. Leí en un librillo de un consejero de la Edad Media en Alemania que recomendó el siguiente test para saber si la muchacha prevista para el matrimonio sería la adecuada para una unión feliz. El autor escribió: "Cuando la mujer haya depositado sus heces, vaya al lugar donde lo hizo. Y si huele a pan y pastel, cásate con ella". Claro, con nuestros servicios con sifón, este método ya no se puede aplicar, y si pudiésemos, quizá no nos parecería atractivo.

Variaciones asombrosas

No hace mucho, una persona era considerada como enferma cuando no podía llegar al orgasmo mediante un coito normal. O sea, cuando una mujer necesitaba estimulación manual o un hombre necesitaba un vestido de goma antes de llegar a una satisfacción completa. No sabemos con certeza si todos los médicos y terapeutas que predicaron lo del coito normal se ajustaron a sus propias normas. A pesar de tantas investigaciones y publicaciones, la mayoría de la gente sabe poco sobre la vida sexual humana y de los preludios necesarios: sean rituales de vistazos, del enrojecer, de chistes picantes o de una disputa con ofensas. También es posible que una persona necesite tener la impresión de un amor eterno o tiene que casarse para estar dispuesta para la intimidad (quizá es la razón de por qué algunos actores de Hollywood se casan muchas veces, pagando sumas horrorosas por divorciarse y buscar el próximo contacto íntimo, etc).

Si echamos otro vistazo al mundo animal, los caracoles son especialmente interesantes. Pues el coito es bisexual y para llegar al clímax necesitan heridas que se causan uno al otro mediante una especie de espada que tienen para este fin.

Si queremos establecer normas humanas razonables para el campo erótico-sexual, será necesario renunciar a prejuicios religiosos basados en ignorancia y atizados por el deseo de tener poder de "defensores de la fe" equivocados. Sería más adecuado que en el campo sexual rija el mismo humanismo que en otras regiones sociales, o sea: no es aceptable que se exploten los más débiles o dependientes, no es aceptable poner en peligro la salud mental o física de otra persona (por ejemplo ocultando una enfermedad venérea). Y sólo es aceptable si la pareja consiente.

En el caso de problemas, muchas veces he encontrado que la supresión de la sexualidad está ligada a un placer secreto. Mujeres que tienen dificultades del orgasmo, en muchísimos casos no las tienen cuando se masturban. Y algunas veces están gozando de modo semiconsciente la incapacidad de un hombre que se esfuerza en vano para llevarlas al clímax. El placer de ser superior en este caso es más importante que el placer erótico. Como este camino es elegido de modo subconsciente no existe evaluación de bienes, la valorización de ventajas y desventajas a corta y larga vista. El resultado es una vida con más estrés y menos placer y alegría para los dos.

La estrategia de guerra matrimonial es muy efectiva porque en el campo sexual podemos ser heridos muy fácilmente por ser muy sensibles (aunque muchas veces no nos demos cuenta conscientemente). Además, la estrategia tiene la "ventaja" de que uno casi nunca puede probar al otro una mala intención. Bueno: la venganza puede ser dulce, pero una agradable vida con caricias y erotismo es más dulce.

***

Bibliografía

1. Blech, J. *Heillose Medizin (Medicina infernal)*, S. Fischer Verlag GmbH, 2005, Frankfurt am Main. El autor echa un vistazo a algunos hechos que en la medicina moderna aún no se les presta demasiada atención. Aquí dos ejemplos:

   A- Tratamiento "placebo" en el caso de artrosis de rodilla: De un grupo de pacientes con esta enfermedad, la mitad fueron operados según las reglas. Los del otro grupo recibieron una inyección que les puso en estado de sueño. Se les dio un fuerte analgésico y con una máscara respiratoria recibieron oxígeno. El cirujano les procuró tres pequeñas heridas superficiales en las rodillas y movió las piernas como es usual en la cirugía normal. Un asistente vertía agua en una cubeta, para imitar el sonido de irrigación: todo debía tener el efecto de una operación real. Todos los pacientes pasaron una noche en la clínica y después fueron despedidos. Ninguno sabía qué había pasado con sus rodillas. Y esto no tenía importancia: Después de dos años, casi todos los pacientes estaban satisfechos con su operación y, en muchos casos, contentos de haber sido liberados de sus dolores, y no importaba si habían sido operados o no. (New England Journal of Medicine 347, 2002, S. 81-88). *(En este caso se puede hablar de un tratamiento psicosomático, sin participación de la conciencia, de la zona libre)*

   B- De cien hombres jóvenes (menores de 30 años), ocho tienen un pequeño cáncer de próstata. Entre los hombres de 60 años, el cincuenta por ciento lo tienen, y de los de más de 70 años, el ochenta por ciento. Muy raras veces esto llega a enfermedades reconocibles. El cáncer de próstata clínico es descubierto en un uno por ciento de hombres entre 60 y 70 años.

2. Nesse, R. y Williams, G., *Why we get sick. The new science of Darwinian medicine (Por qué nos enfermamos: La nueva ciencia de la medicina Darwiniana)*, Times Books, Random House, New York, 1994

3. Mohr, U., *Bilder Brehm in Farbe (Brehm en imágenes de color)*, Verlag Olde Hansen, Hamburg, 1973

4. Kullmann/ Stern, *Leben am seidenen Faden (La vida en un hilo de seda),* Kindler, München, 1981
5. Dröscher, V. B., *Überlebensformel (Fórmula para sobrevivir),* dtv, 1981
6. Bristow, A., *Wie Pflanzen lieben (Cómo las plantas hacen el amor),* Heine-Buch, Nr.7170
7. Huxley, A., Das phantastische Leben der Pflanzen (La vida fantástica de las plantas), dtv, 1981Datos biográficos del Autor

Datos biográficos del autor

1927	Nacimiento
1944	Escuela cerrada. Trabajo en la industria de guerra
1945-46	Soldado y prisionero de guerra
1946	Bachillerato y comienzo de aprendizaje de impresor
1947	Fuga de la Zona Soviética
1948-49	Un año de trabajador extranjero en la industria siderúrgica francesa
1950-73	Trabajo en comercio exterior con estancias en España, África del Norte, Turquía, Indochina y México aparte de viajes a otros países. A partir de 1961, empresa propia y consejero en fábrica de juguetes didácticos
1973-82	Formación de terapeuta naturista (permiso estatal Diciembre 1975) y formación psicoterapéutica (examen clínico de Analista Transaccional 1982)
1976	Inauguración de consultorio en la región Munich-Starnberg. Aparte del consultorio, *coaching* para ejecutivos
1996	Traslado a Mallorca, consultorio en Sóller (Mallorca). Desarrollo de un método nuevo de cursos a distancia teórico-prácticos por Internet: *Tele-Coaching*
2003	Inauguración del servicio de *Tele-Coaching*

Publicaciones

MAKING FRIENDS WITH FEAR
(Haciendo amistad con el miedo) en
"TA - The State of the Art"
Foris Publications, Cinnaminson, USA, y Dordrecht, Holland, 1984

KEINE ANGST VOR DER FREUDE
(No tenga miedo del placer)
Herder, Freiburg im Breisgau, 1985
ISBN 3-451-08239-X

DAS PRINZIP DER HEIMLICHEN FREUDE
(El principio del placer secreto)
Kiessling, München, 1994
ISBN 3-930423-01-4

DER LEBENSPLAN
(El plan de vida).
BoD, Norderstedt, 2002
ISBN 3-8311-0753-X

EL ARTE DE ORGANIZARSE MEJOR.
Ediciones HI, Barcelona, 2002
ISBN 84-607-5244-5

DIE DEPRESSION: KRANKHEIT ODER NOTBREMSE?
(La Depresión: ¿Enfermedad o Freno de emergencia?)
BoD, Norderstedt, 2007
ISBN 978-3-8334-6953-4

Además publicaciones en revistas especializadas como por ejemplo:

Sexualität unter Stress (Sexualidad bajo estrés), Sexualmedizin 13/1984

Tele-Coaching, Revista de Análisis Transaccional y Psicología Humanista, No. 52, 2004

Un ejemplo de coaching de ejecutivos, Revista de Análisis Transaccional y Psicología Humanista No. 55, 2006